A Sr. Eumide Jr. Araujo
22 de Novembro de 2019
2019

Castelita

ARANDI GOMES TEIXEIRA
pelo espírito
VICTOR HUGO

Castelita

CorreioFraterno

Editora Espírita Correio Fraterno
Av. Humberto de Alencar Castelo Branco, 2955
CEP 09851-000 – São Bernardo do Campo – SP
Telefone: 11 4109-2939
correiofraterno@correiofraterno.com.br
www.correiofraterno.com.br

Vinculada ao LAR da CRIANÇA EMMANUEL *www.laremmanuel.org.br*

1ª edição – Outubro de 2018
Do 1º ao 3.000º exemplar

Impresso no Brasil
Presita en Brazilo – Printed in Brazil

Coordenação editorial
Cristian Fernandes

Preparação de texto
Eliana Haddad e Izabel Vitusso

Capa e projeto gráfico de miolo
André Stenico

Catalogação elaborada na editora

Hugo, Victor (espírito)
Castelita / Victor Hugo (espírito); psicografia de Arandi Gomes Teixeira. – 1ª ed. – São Bernardo do Campo, SP : Correio Fraterno, 2018.
320 p.

ISBN 978-85-5455-008-0

1. Romance mediúnico. 2. Espanha. 3. Questões sociais. 4. Reencarnação. 5. Literatura espírita. I. Teixeira, Arandi Gomes. II. Título.

CDD 133.93

Não há nada como o sonho para criar o futuro.
Utopia hoje, carne e osso amanhã.

VICTOR HUGO

Sumário

O pequeno Dom

Dom Carlos Lupe de Medrado tem as orelhas em pé...

Como um pequeno morcego, ele precisa sentir de que lado poderá vir o ataque e a cobrança tão temida.

Estático e ansioso, ele ouve os ruídos e os clamores daqueles que também ansiosos se agitam à sua procura.

Jamais imaginou que um dia viesse a sentir tanto medo.

O tempo passa e ele, muito aflito, encolhe-se cada vez mais.

Provavelmente dormirá ali mesmo, como tantos outros deserdados da sorte o fazem nas suas desgraçadas existências – a sua já um tanto cansativa, apesar da pouca idade.

O mau-cheiro deste e de outros lugares semelhantes já se incorporou aos seus sentidos, que já ensaiam um lamentável processo degenerativo.

Por que vive assim? Não sabe... Não se recorda de outro tempo, nem de outro jeito de viver.

Existência infeliz a sua, feita de fome, de medo e de lágrimas constantes, repetidos equívocos e desabridos cinismos, desafios insuperáveis e estados de alma profundamente perturbadores.

Assim, mergulhado num contexto existencial tão complexo, Dom se sente de outra espécie que não a humana. Afinal, tantos vivem de outra maneira, além de usufruírem as alegrias e os desejáveis confortos que o mundo oferece. Alegrias e confortos que ele jamais experimentou, embora os seus naturais anseios.

Dom Carlos carrega dentro da alma uma grande revolta. Esta cresce e se avoluma assustadoramente. Situação assaz perigosa. E não somente para ele...

Desde cedo, fora treinado para roubar dinheiro, joias, bens ou quaisquer objetos de valor em qualquer tempo ou lugar. Por isso ele se encontra quase sempre a serviço daqueles que comandam o seu mundo, que por vezes lhe parece irreal.

Age sorrateiramente ou com truculência. Essa ele conhece bem, tendo-a experimentado na própria pele um sem-número de vezes.

O que importa é entregar os frutos da arriscada empreitada a 'quem de direito', pois disto dependerão as ameaças, os castigos e, não raras vezes, a condição de prosseguir vivendo.

Sozinhos ou em grupos desorientados e perdidos em si mesmos, ele e seus companheiros ignoram intencionais rostos ou identidades. Qualquer um será invariavelmente aquela presença fortuita que, ao atravessar-lhes os caminhos, oferece sem saber a chance do desejável espólio.

Na subserviência do bando, as múltiplas chances para uma vida cômoda e sem esforço àqueles que, próximos ou distantes, comandam e supervisionam as ações.

Satisfeito consigo mesmo, confessa:

– Felizmente, jamais tirei a vida de quem quer que fosse. Nem mesmo a de um pobre animal. E sei que não conseguiria fazê-lo, ainda que sob coerção. Esta certeza me faz muito bem, além de me manter esperançoso quanto ao futuro.

Num sorriso quase infantil, ele determina:

– Sim, o meu futuro será melhor. A vida é pródiga, e não apenas de situações desafiadoras, mas de possibilidades. Pensar assim, além de elevar-me a alma, me enche de gozo a prelibar um futuro que, embora esteja por se fazer, escondidinho ainda atrás da cortina do tempo, já existe no meu coração.

Esquecido da perseguição que no momento sofre, sacode a cabeça e ri divertido:

– Ora, ora, Dom. Você é um sonhador incorrigível.

Mas, deixando de lado as suas filosofias de vida, olha ao redor e solta, ruidoso, o ar dos pulmões, enquanto desabafa:

– Muito bem. Aqui estou eu e, mais uma vez, inteiro...

Analisa com redobrada atenção o terreno onde se encontra e mede as probabilidades de sair dali em segurança.

"Lamento tanto viver assim..." – pensa condoído de si mesmo.

Em resposta, algumas imagens, situações e rostos, com os quais convive diuturnamente, se instalam novamente.

"Quando sobraçando os produtos roubados, nos dirigimos aos logradouros previamente marcados. Esses, numerosos e espalhados, confundem a qualquer um que em evidente temeridade se aventure a nos perseguir, pois ali ou nas imediações poderá se surpreender com aqueles que, impacientes, estão à espera dos resultados das nossas investidas transgressoras. Depois de tudo, a nós cabem as ofensas, as perseguições e as ameaças constantes, muita fome e muito medo a gelar os nossos corações e a entorpecer as nossas mentes...

"Quando muito, eles nos concedem algum alimento improvisado para ser digerido no fel da amargura...

"A morte? Ah, essa nossa velha conhecida e companheira aguarda-nos a cada esquina. E quantas vezes ela chega e se instala cedo demais para cerrar a cortina de uma existência tão breve, num tempo quando ainda no cérebro, enlouquecido pela dor e pelo sofrimento, os sonhos brotam poderosos, obsedantes...

"Rotineiramente, nos submetemos sem questionar aqueles que nos maltratam, conhecidos ou não, próximos ou distantes. Não ignoramos, porém, que, enquanto nos atiram nos abismos de uma vida criminosa, eles mesmos vivem confortáveis em sociedade e (oh, insânia!), não raras vezes, são elevados à conta de bons cidadãos irrepreensíveis, chefes de família ou de empresas importantes, senhores de cargos administrativos do mais alto escalão de confiança do governo, sendo apontados nas ruas e muito bem recebidos nas diferentes instituições públicas e privadas como ótimos exemplos a serem seguidos. São eles, sem tirar nem pôr, os famigerados túmulos caiados de todos os tempos..."

Buscando alento dentro de si mesmo, Dom respira fundo.

Este balanço da própria vida quase o leva às lágrimas.

Fechando os olhos, rememora alguém muito querido: o bom Estevão.

"Oh, quanta saudade deste amigo!"

E, como se falasse diretamente a ele, retoma o fio dos próprios pensamentos:

"Vivemos uma existência indigna e vergonhosa, presos a uma escravidão silenciosa e indefensável. Quando algum de nós enfrenta os nossos carrascos em patente desespero, pode desaparecer para sempre ou reaparecer algum tempo depois, física e emocionalmente irrecuperável. Por estas e por outras razões, no decorrer dos anos, todos nós enlouquecemos.

"E quando somos apanhados em flagrante delito?... Oh, Senhor! Pagamos todos os preços possíveis e imagináveis, seja com o resultado dos furtos, seja na própria pele, pois, na trágica repetição das ações e das reações daqueles que nos escravizam e exploram, a massa de povo presente, odiento e impiedoso, decide de improviso a nossa sorte.

"O terror sem limites que nos assalta nestes momentos trágicos nos faz antever aquilo que está por vir e que dependerá tão somente das veras intenções dos que, sob as circunstâncias do momento, tiram as suas máscaras com as quais enganam no dia a dia e passam a revelar-se tais quais são, a exibirem flagrantemente nas suas ações as sombras das suas almas orgulhosas, egoístas e cruéis...

"E, quantas vezes, naquele altar de sacrifício profano e sangrento, o grupo desvairado e enfurecido oferta aos Molocs de todos os tempos um ou mais bodes expiatórios, a fim de lavar na dor e no sangue do outro as suas próprias misérias morais, a envergarem vestes de carrascos no exercício trevoso das suas violências, condenadas por todas as leis, humanas e divinas.

"E quantas outras vertentes nos alcançam! Algumas legais, outras visceralmente criminosas. Mas, ante estes ou aqueles, estaremos sempre na dependência de circunstâncias fortuitas... Não seria mais fácil, mais sensato e mais seguro socorrer-nos em tempo nas nossas trágicas existências?

"Daqui, deste triste patamar de observação, indago: Quem poderia ter as condições desejáveis para nos julgar? Quem conhece as nuances das nossas histórias de vida, origens e razões para estarmos ali em situação tão trágica quanto indefesa?

"Se em cada consciência o dever humano, racional e fraterno, realmente se instalasse de fato e de direito, as reações dos homens seriam outras e seres desorientados e infelizes, assim como eu e tantos outros, não existiriam ou seriam raríssimas exceções.

"Quantos daqueles que investem furiosos contra os erros alheios poderiam dizer se eles mesmos ou os seus, de um modo ou de outro, não cometem os mesmos delitos passíveis das mesmas cobranças? Ah, a antiga e sempre bem exercitada hipocrisia humana!...

"E quanto àqueles, que ao chegarem em casa com as mãos tintas de sangue (carrascos por opção e gosto) sequer refletem sobre a gravidade da vida e das circunstâncias inesperadas que nos levaram até ali? Usufruindo das venturas de um lar, muitos esquecem, cegos voluntários que são, daqueles que rogam sem palavras, num desespero inaudito, o socorro de que precisam, a fim de se reerguerem do erro e da lama, nos quais um dia foram atirados sem chance nem explicações.

"Afinal, este homem hodierno não se proclama diuturnamente intelectual e progressista? Onde, porém, se esconderam o seu bom-senso e sensibilidade? De que lhe vale tudo aquilo que possui e sabe, se na intimidade de si mesmo ainda revela uma brutalidade primitiva? Oh, o quanto lhe falta ainda a aprender e apreender! O verniz de uma educação descomprometida com a verdade à primeira arranhadura revela sem rebuços uma alma assaz incipiente."

Dom pensa e repensa sobre si mesmo e sobre os meandros da existência terrena, e neste comenos, sua alma se expande, se contrai e se retrai ante conclusões tão dolorosas:

"Alguns corações que já revelam um nível mais elevado de consciência colocam os seus sentimentos à frente do egoísmo, do ódio e da vingança. Outros agridem, violentos, e matam, enlouquecidos pela ira que os toma.

“Outros agridem, violentos, e matam, enlouquecidos pela ira que os toma! Quando atacamos ou rejeitamos o outro, surpreendemos a nós mesmos nos reflexos de um veraz espelho. E como esquecer os covardes e os omissos, que simplesmente lavam as mãos?... Assim agiu Pilatos, governador da Judeia, embora reconhecesse sem um laivo de dúvida a inocência de Jesus, o Cristo.”

Muito incomodado com o ambiente e muito mais com os ratos que ali proliferam, ele prossegue:

“Nossos mandantes não conhecem barreiras nem empecilhos, conhecem apenas os caminhos escusos por onde transitam nos seus propósitos criminosos. Como se cães farejadores fossem, eles sempre nos encontram e penalizam, segundo suas próprias leis.

“Quando algum de nós solta a língua ou é forçado a isso, passa a carregar dentro da alma tal desesperação, que ninguém, a não ser ele mesmo, pode aquilatar, pois, sofrendo em silêncio, passa a enfrentar o desprezo dos companheiros, enquanto a sua desgraça final caminha a passos largos em sua direção... Mas... Quem se importa?

“Carrego marcas e cicatrizes no meu corpo e em minha alma de tal forma que ainda que eu viva cem anos elas me serão companheiras amargas e fiéis...Quantas vezes somos caçados e recambiados para prosseguirmos no mesmo diapasão? Inúmeras.

“Dolorosas comprovações de incompetência, descaso e flagrante insensibilidade daqueles que deveriam nos socorrer e resgatar do mal por meio de tratamentos médicos e terapêuticos, instrução, orientação adequada e acolhimento sincero e regenerador.

"Se este dilema altamente desestabilizador ainda não foi resolvido como deveria, é porque depende da ética e da moral de uma sociedade, escandalosamente distraída da realidade da vida e dos seus deveres mais comezinhos.

"Hoje, aqui neste local abjeto e nesta triste circunstância, tenho mais tempo para refletir, num desejo profundo de viver de maneira diferente... Ah, quem me dera... Em meio a tantos embates humanos, além daqueles que nos alcançam de improviso, estamos submetidos igualmente às calamidades climáticas, às guerras, às doenças, às instabilidades e a violências de todos os matizes.

"Observando melhor o mundo, constatamos a pequenez e a fragilidade do homem, quando, distraído da realidade que o cerca, age e reage ainda como um selvagem. Este mundo é, nem mais nem menos, tudo aquilo que dele temos feito. É a habitação cósmica que, por enquanto, nos cabe muito justamente. E em tudo isso, a parte que me toca, diante desta dura realidade, além de me atormentar, igualmente me compromete...".

Quase em lágrimas, Dom bate forte no peito e declara num prévio juramento:

– Um dia, eu serei diferente... Por enquanto, sou simplesmente mais um daqueles que ainda se debatem entre o bem e o mal. Meu amigo Estevão me ensinou que o mundo não é bom, nem mau. Nós, os homens, é que o fizemos assim. E o nosso 'julgamento final' como será? Não. Não quero pensar nisto. Não agora...

Fechando os olhos, ele se imagina fora dali e sob o azul infinito do céu...

Reverente, conclui:

"Existem leis que mantêm a ordem. Assim, o Criador, Senhor de todo o Universo, me ama e cuida de mim... Eu sei..."

Exausto, ele se encolhe mais, sentindo frio e a procurar uma posição favorável ao necessário repouso, enquanto se defende como pode dos ratos que ali proliferam e fazem do ambiente a sua morada.

Por fim, aos poucos, cansado e mal acomodado, ele se entrega ao sono.

Lá fora, a noite se fecha cada vez mais, enquanto passam homens e mulheres, crianças, mendigos, bêbados, veículos, animais abandonados e boêmios de toda sorte...

Ao alvorecer de um belo dia, Dom desperta, se espreguiça e aguça bem os ouvidos.

Põe-se de pé num sobressalto, na recordação da situação drástica da noite anterior, e começa a sair devagar, medindo os passos, atento...

— Ah, que viver assim é muito ruim! — ele explode em angustiada revolta.

Ocasiões como essa lhe doem muito. No seu íntimo, forças que se assemelham às lavas incandescentes de algum vulcão:

— Na primeira chance tomarei as rédeas do meu destino e aguentarei firme — ele promete a si mesmo.

E, enquanto segue cabisbaixo para o 'seu lugar', lágrimas ardentes e copiosas lhe encharcam as vestes rotas e encardidas.

Felizmente está só. Do contrário seria alvo das chacotas daqueles que, embora desejem assim como ele as mesmas prerrogativas, debocham de tudo e de todos, numa triste forma de se defender...

Aos poucos o seu pranto torna-se convulso. Diminui o ritmo da jornada e num *rallentando* almeja em total desespero nunca chegar ao seu destino.

Desanimado, senta-se no chão, apanha um graveto e passa a rabiscar na terra...

As horas passam... Fita o sol ardente e desvia o olhar ofuscado pela luz.

Sorri contrafeito tal qual a criança insegura e desprotegida que sempre foi, olhos indagadores, compridos, vazios... Ignorando quem era e por que sofria, ansiava por amor, por aconchego...

Enxugando as lágrimas com as costas das mãos, Dom sorri. Desta vez exibe um sorriso largo e entusiástico:

"Estarei amando? Logo eu?... Não sei, mas este sentimento que ora me alcança me faz muito bem."

Relações tem tido ao longo do seu pequeno calvário, a princípio forçados e, depois, por hábito, na miséria moral em que se debate...

Desde a primeira infância, Dom revela uma razoável bagagem de conhecimentos, aos quais sequer teve acesso na vida que agora desfruta. Este é mais um motivo de perseguição e de habituais transtornos.

Estevão

Afortunadamente, nosso protagonista conheceu nas ruas o admirável Estevão, homem bom e irmão amorável de todos. Com palavras enriquecidas de respeito, bondade e sabedoria, esclarecia e promovia moralmente aqueles que ia encontrando pelo caminho.

Criatura excelente, ensinava a quantos se propunham a aprender e analisava com muita propriedade as leis dos homens e as leis divinas.

Sua figura alta, digna e imponente despertava certo temor, mas diante do seu sorriso largo e luminoso todos se acercavam dele para aproveitar-lhe a sabedoria e a bondade. Itinerante, quando divisava pessoas perdidas e desorientadas, mormente crianças e velhos, se aproximava a fim de auxiliá-los.

Assim era Estevão, que escondia a sete chaves quem fora e de onde viera; jamais falava de si mesmo. Em sua peregrinação incansável, ele defendia as pessoas, os animais e a própria Natureza.

Quantas lágrimas secou, quanta fome saciou, dividindo o pouco que possuía; quantos conselhos prodigalizou... Onde chegava, as pessoas acorriam pressurosas para aprender a amenizar as próprias aflições e a balsamizar dores enraizadas nos seus corações sofridos e desorientados.

Estevão falava de Cristo com elevados conceitos e muita emoção.

Ao término de suas preleções, a pequena aglomeração revelava nos seus mais variados contornos o esboço de algumas mudanças íntimas e um grande alívio se expressava nas lágrimas que eles procuravam disfarçar...

Os mais gratos, comovidos, tentavam beijar-lhe as mãos, mas Estevão, em vez de aceitar-lhes a reverência, abraçava-os, enquanto rogava aos céus por eles, sabendo como ninguém que a pior miséria não é a material e sim a espiritual. Dela dependem o bem-estar e a felicidade do ser humano, pois os dons de Deus ensinam e auxiliam a superar as dificuldades para seguir adiante, vencendo os obstáculos. Os prejuízos e as dores, assim como as alegrias e as compensações, decorrerão do bom ou do mau uso do livre-arbítrio já exercido no passado ou no presente.

E, no final, distanciando-se vagarosamente entre

conversas e cochichos a respeito daquilo que ouviram, a mole humana caminhava mais leve e mais esperançosa...

"Meu nome, que surpreende a todos – lembra Dom –, devido à sua importância e comprovada pompa, foi Estevão quem me deu, com todas as suas letras, nomes e sobrenomes.

"Recordo também que ele carregava uma caixa repleta de livros velhos e novos (alguns já rasgados), os quais emprestava ou doava a quem assim o desejasse...

"Até hoje, nas minhas leituras, busco ansioso a essência do conteúdo nas famosas entrelinhas como ele me ensinou... Um dia, ante a minha indagação a respeito do nome que ele me dera, explicou que fizera justiça aos meus modos naturalmente refinados. E, estendendo-se um pouco mais, confessou-me as suas suspeitas de que em algum tempo e sob alguma circunstância desfavorável eu fora arrebatado de uma existência rica e confortável para ser atirado às ruas, sob as ordens e a crueldade de algum inimigo da minha família...

"Mas, oh, Deus! – Dom quase chega às lágrimas –, num dia pior que todos os outros, me deparei com o seu corpo rígido, silencioso.

"Aquela alma luminosa se libertara enfim e, abrindo de par em par as portas da gaiola de carne na qual vivera por longos noventa anos, regressara à sua verdadeira morada..."

– Que os céus o recebam de braços abertos e com toques de trombetas angelicais, meu amigo e único pai que conheci. Vida que teria sido muito pior sem você, assim como será a partir deste instante... Vá em paz! Que o Criador, mantenedor e transformador deste incomensurável Universo o premie por tanto amor. Adeus, meu querido Estevão...

Em prantos, e em meio a louvores póstumos, Dom fora cercado silenciosa e solenemente por todos aqueles que ali se encontravam, a lamentarem, sinceros e tristes, a perda de um grande e verdadeiro amigo, um irmão.

Ato contínuo, ele se afastara, cambaleando de dor e de saudades antecipadas.

Enterraram Estevão com respeito e veneração, em meio a delicadezas e homenagens impossíveis de se imaginar em seres quase sempre tão rudes e considerados nocivos à sociedade.

Depois dessa perda irreparável, Dom decidira modificar de vez a própria vida ou morrer tentando, como um guerreiro que se entrega por inteiro em prol da vitória almejada.

No rastro desta decisão, muitas outras se seguiram. Por isso, ele vem explorando continuamente as mais diferenciadas possibilidades, mas por enquanto estas têm redundado apenas em lamentáveis fracassos.

Em reiteradas ocasiões, tem sofrido agressões físicas e morais quase insuportáveis, pagando o preço das suas tentativas. Mas jamais arrefeceu o ânimo na recordação de Estevão e do seu admirável exemplo de obstinação no bem.

Tempos de encontros

Num dia bendito, Dom conheceu Castelita e a partir daí nunca mais foi o mesmo.

Mas (oh, infelicidade!), noutra ocasião, ao regressar ansioso àqueles mesmos sítios nos quais vivenciara a mais extraordinária experiência da sua ainda curta existência, e onde deixara temporariamente a sua maior aspiração de felicidade, deparou-se com uma aventura tão peculiar que quase lhe rouba de vez o tino.

Naquela ocasião *sui generis*, depois dos sustos causados por fenômenos físicos tão palpáveis quanto misteriosos, Dom se deparou com a presença altamente significativa do bom Belizário e o seu carro-de-boi.

Recorda ainda quando Belizário, num desabafo inesperado, desnudando o próprio coração sofrido, confessara ser pai de quatro filhos que o haviam abandonado sem consideração nem piedade:

O mais jovem – comentou – ainda que mais afável que os outros, influenciado pelas promessas dos irmãos, embora se sentisse inseguro também se fora.

Desde a véspera daquele dia nefasto, Belizário percebera o nervosismo de Pedro, seu caçula.

As confabulações sussurradas dos outros três e as respostas evasivas quando das suas naturais indagações... Tudo fazia supor algo grave e altamente desestabilizador a lhe apertar doridamente o coração paterno. Sim, uma tempestade se aproximava de sua casa e de sua vida, não havia como duvidar...

Pouco tempo depois, numa madrugada, eles partiram, rápidos e silenciosos.

Mas (oh, dor!), não antes de lhe roubarem tudo aquilo que havia amealhado ao longo de uma vida sacrificial.

Ao raiar daquele dia, despertara só, pobre e infeliz, como Job na sua tragédia bíblica.

Haviam-lhe lhe sobrado apenas alguns animais, os quais eles não conseguiram carregar, os móveis e outras coisas de somenos importância.

Naquela triste ocasião, ele não tivera uma só moeda que pudesse lhe valer na inesperada situação de extrema penúria à qual fora atirado.

Faminto e ansioso, rebuscou nos armários e encontrou alguns alimentos para matar a fome.

A idade avançada já não lhe permitiria mais lutar como antes, nem se aventurar em novos empreendimentos a fim de recomeçar... Viveria a partir de então da caridade pública?... Depois de trabalhar de sol a sol, durante toda a sua vida?...

Mal contendo o impulso de prantear ali mesmo, enquanto narrava a Dom a sua desventura, Belizário esclareceu:

– Enfim, embora aquela situação e a grande dor que passei a carregar em minha alma, conferi o que me restara e concluí que poderia continuar no mesmo diapasão de trabalho e de esforço contínuos fazendo aquilo que pudesse para não morrer à míngua, nem estender a mão em busca de esmolas... Sem recursos e com grande dificuldade, eu carregava no lombo os volumes que pretendia vender e fazia o maior número de viagens, a fim de atender bem à freguesia. Com o passar do tempo e economizando o quanto me era possível, comprei este velho carro-de-boi.

Dom recorda ainda quando num dia, muito triste, Belizário não mais conseguira sair do leito:

"Pela manhã ele disfarçou o quanto pôde a sua patente impossibilidade, aconselhando-me a manter a rotina:

– Não se preocupe, meu filho, isto deve ser um mal passageiro...

O meu coração, contudo, avisava que, assim como fora com Estevão, a boa alma de Belizário ansiava por libertar-se.

Pela madrugada, me debrucei a fim de abraçá-lo, infundindo-lhe forças quando ouvi:

– Filho querido, que Deus colocou no meu caminho. Que Ele o abençoe. Apesar de todos os obstáculos que você já enfrentou na vida e de todos aqueles que ainda virão, preserve sempre tudo aquilo que você tiver de melhor e nunca mais repita os erros do passado... Use a razão e o coração, a fim de auxiliar a quantos atravessarem o seu caminho... Não esqueça em tempo algum, nem sob quaisquer circunstâncias, que somos todos irmãos, porque filhos do mesmo Pai. Precisamos uns dos outros, embora às vezes não pareça.

Como sabe, aprendi a amá-lo como a um filho de verdade e a admirá-lo cada vez mais, no seu esforço constante para progredir, não apenas no intelecto, mas igualmente na sua comprovada transformação moral.

Já sem forças, Belizário ultimava os seus habituais conselhos:

– Entrego os meus legítimos filhos aos céus como sempre fiz. Onde e como eles estiverem terão sempre o meu perdão, a minha saudade e o meu amor...

Nestes momentos, Belizário já respirava com extrema dificuldade e eu com um grande nó na garganta beijei-lhe as faces e as mãos, enquanto as lágrimas banhavam-me o rosto, a caírem copiosas sobre ele que, paulatinamente, ia perdendo as cores.

Belizário também chorava... Ambos sabíamos que aquela seria uma despedida definitiva.

Antes do último suspiro, já numa voz sumida, Belizário lamentou-se:

– Nunca mais soube deles... Esta tão grande dor eu levarei comigo para o túmulo... Oh, se eles soubessem o quanto eu continuo amando-os e desejando-lhes todo bem, meus filhos queridos...

— Você os verá, Belizário, assim como nós dois também um dia nos reencontraremos — aduzi.

Num sorriso sereno e beatífico, Belizário cerrou os olhos. Fiquei ali a fitá-lo num flagrante choque emotivo, quando ele, ganhando um novo alento, abriu os olhos e exclamou:

— Ainda que eu ignore os destinos dos meus filhos, levarei comigo a certeza e o conforto de saber que, antes de serem meus filhos, eles são primeiramente, e acima de tudo, filhos do Altíssimo, que vela amorosa e providencialmente por todos nós...

Desse modo, calava-se para sempre a voz daquele que me dera a mais preciosa oportunidade para viver e ser feliz, além de redimir dentro de minha alma todos os outros seres humanos."

Sonho ou realidade?

VEJAMOS AGORA DE que maneira um dia a flecha do travesso Cupido acertara bem no alvo o coração de Dom.

Caminhando sem rumo, parou para admirar uma luxuosa moradia, quando vislumbrou uma moça tão bela que a princípio o fez imaginar-se em sonhos. Teria ele inadvertidamente aportado no Paraíso?

Estático e boquiaberto, ele permanecera, fazendo-a desatar numa sonora gargalhada.

Divertida, ela quis saber:

— Quem é você? Um saltimbanco sem destino, nem ocupação? E que roupas são estas? Chegam a espantar. O que quer afinal com este olhar de cão abandonado e faminto?

Num completo silêncio, sem saber o que dizer

nem como se comportar, Dom permaneceu calado.

Ela trajava sedas e rendas, numa elegância ímpar, enquanto nos braços carregava um lindíssimo buquê de rosas.

E os seus cabelos?... Por todos os deuses do Olimpo! Ele jamais vira nem mais belos, nem mais brilhantes, soltos ao vento, e a refletirem a luz do sol! Por certo seriam tão perfumados quanto aquelas rosas...

Suas vestes, muito limpas, elegantes e bem-postas. Completavam-lhe o lindo e precioso traje sapatos pequeninos, macios, brilhantes...

Contudo, aquilo que mais apreciou nela foi um par de olhos tão verdes quanto as mais preciosas esmeraldas. Este olhar, além do seu brilho intenso, penetrava ousado portas adentro de sua alma, invadindo-a por inteiro...

O seu rosto lembrava as imagens dos santos nas igrejas (Dom tem o hábito de frequentá-las. Aprendeu isso com Estevão e o faz frequentemente com respeito e veneração).

Estaria ele – triste rebotalho da vida – sonhando, embora desperto? Não, certamente não sonhava.

Eis que de pronto recordou que ela é presença constante nos seus sonhos. Mas... Por que desperta então tantas vezes a rogar-lhe perdão? ... Perdão de quê, de quando?...

Jamais esqueceu que naquele dia de pura magia e encantamento um perfume delicioso parecia solto no ar, enquanto uma luz emoldurava-lhe a nobreza do talhe.

Completamente fascinado, temia que ela se desfizesse como uma miragem...

Ela insistia:

— E então, você é mudo? Por que me olha assim apalermado? E o que faz aqui, afinal?

Enquanto aguardava sua resposta, ela indagou divertida:

— Serei eu por acaso alguma assombração? — e num olhar travesso respondeu à própria indagação.

— Ora, ora, talvez eu seja. Quem pode saber, não é?

Ao fazê-lo, piscou para Dom, insinuando uma cumplicidade.

Não obstante a inusitada situação, na qual era-lhe impossível saber se estava sonhando ou desperto, desculpou-se:

— Perdoe-me, não tive a intenção de incomodá-la. Eu apenas passava por aqui.

Afastando-se do grande portão, muito bem trancado por sinal, Dom concluíra sabiamente que aquela mansão tinha a feição de um castelo muito antigo.

Sem perdê-la de vista, observou-lhe um 'dar de ombros', enquanto ela se dirigia ao interior da casa a cantarolar uma bela e antiga canção madrilena.

Os sons e os volteios daquela voz harmoniosa o arrebatavam, inundando sua alma de fortes emoções...

Sem entender-se, soube que já conhecia aquela bela jovem e tudo o mais que lhe dizia respeito.

Depois ao chegar 'ao seu lugar', rememorando tudo que houvera, ateve-se a um detalhe muito importante. Ao afastar-se, ouvira uma voz rouquenha, desarmônica e profundamente desagradável, a gritar a plenos pulmões:

— Castelita, ó Castelita! Menina teimosa e rebelde

como o diabo! Emos, ó Emos! Traga-a para dentro, seu estafermo. E seja rápido! Esta menina só faz aquilo que deseja. Arre, que isso me dá nos nervos!

Os sons e a tonalidade daquela voz feriam-lhe os ouvidos:

"Cale-se, gralha maldita! – pensou, sem entender-se. – Ao ouvi-la, estremeço como a terra convulsionada sob os efeitos de um terremoto."

Assim, cerrara os punhos, odiento e revoltado, exclamando entre dentes:

– Não. Nem você, nem ninguém jamais me roubará a magia e o encantamento deste encontro.

Depois deste dia e destas experiências, Dom passou a sonhar de olhos abertos.

Já não se exaltava, nem amargava tanto a própria existência. Ao contrário, passou a aceitar as derrotas do dia a dia e, conquanto mergulhado num contexto altamente desestabilizador, sorria mais, ainda que para isso não houvesse motivo algum.

Esta nova forma de ser e de viver deu azo a que outras circunstâncias mais favoráveis viessem ao seu encontro, como um luminoso cometa, que ao passar deixa no seu rastro energias poderosas e vitais...

Mas, oh, céus! Eis que uma nova tragédia se abateria sobre ele em breve tempo.

Aquele luxuoso e vetusto casarão transformara-se da noite para o dia numa realidade absolutamente sem sentido, sem vida, sem beleza, sem cores, sem emoções, inexplicavelmente envelhecido, vazio e completamente desabitado.

A visão de tudo

ESTE NOVO QUADRO feito de horror o surpreendeu, quando saudoso e ansioso regressou àqueles sítios, imbuído de novas e sublimes expectativas...

Mas (oh, infelicidade!), estupidificado, defrontou-se com um cenário totalmente avesso a tudo aquilo que vira antes. Ali, nada mais restara, a não ser ruínas, ruínas e tão somente ruínas.

Tudo aquilo que um dia conquistara o seu coração desabava como um frágil castelo de cartas sobre aquele mesmo chão, agora num trevoso crepe de sombras, de morte e de dor...

E o que mais lhe doía?: a incompreensível ausência daquela que fora ali e em tão curto espaço de tempo, a brilhante protagonista de alguma história misteriosa e jamais esquecida no espaço e no tempo! ...

Como prosseguir vivendo depois de tudo?

– Céus! – evocara. Sinto-me enlouquecer e sucumbir chão adentro, caindo, caindo, até os níveis mais abissais do Tártaro. Como explicar? Como entender? Aquela que subitamente levou o meu coração parece jamais ter existido!

Nestes pensamentos e nestas ilações, Dom desabara sem forças para gritar numa dor asselvajada.

– Castelita, quem é você e onde se escondeu? Para onde você foi? Que espécie de sortilégio me trouxe e me arrebatou você? Antes de vê-la, minha vida era miserável e sem rumo. Você surgiu como a luz da aurora depois de uma noite negra e sem estrelas. Como continuar vivendo depois de tê-la visto, ainda que uma única vez apenas?

Dobrado sobre si mesmo, tal qual uma árvore abatida pela tempestade, Dom verteu lágrimas quentes e copiosas a lhe apertar o peito com ambas as mãos, enquanto o seu coração parecia querer escapar-lhe.

Insano, rasgou os trapos que vestia, enquanto extravasava a imensa dor que pouco a pouco se tornava insuportável.

Terei por acaso enlouquecido? Provavelmente sim. Devo estar mentalmente desequilibrado... Por tudo aquilo que mais ame, minha Castelita, volte, fale comigo! Em que parte deste ou de outro mundo você se encontra agora, sublime protagonista de um sonho de inequívocas beleza e harmonia?

Com muito esforço, ele tentou levantar-se, mas as suas pernas não conseguiam sustentá-lo e, embora trôpego, dirigiu-se novamente ao grande portão, agora inexplicavelmente envelhecido e enferrujado.

Agarrou-se às grades, frenético, confuso e desesperado, para concluir sabiamente que algo muito além da sua capacidade de entendimento se instalara ali.

Fechou os olhos e reviu tudo, ponto por ponto, os sons, as imagens, os movimentos dos personagens, o cenário, a beleza surpreendida e a presença de 'sua Castelita' ...

Recorda ainda quando o velho mordomo tomou-lhe a mão e conduziu-a ao interior da casa, enquanto aquela voz fazia-se ouvir numa insuportável algaravia.

– Esta menina agora recebe no nosso portão toda espécie de gente? Nunca vi pior, nem mais feio que este que aí está. E os trapos que veste? Um verdadeiro horror. Essa tola não vê que este espantalho pode lhe fazer mal?

Ah, e o de que mais gostou:

– Quem? Este? Ora, minha avó, dona Centenária, Senhora dos Arcos, faça-me o favor. Este infeliz não faria mal a uma mosca. E pense, por favor, ele não nasceu assim como está, sujo e malvestido, nem deve ser tanto o quanto a senhora tão precipitadamente concluiu na sua deplorável falta de caridade.

Batendo no seu caminhar os minúsculos pés para demonstrar sem rebuços a sua desaprovação aos pensamentos da avó, Castelita ainda acrescentou, respirando ruidosa:

— Ora, ora, minha avó, por quem sois?!

Ah, que o coração de Dom vibrou em todas as suas fibras e sua alma iluminou-se como jamais o fizera antes. Sentira-se valorizado, defendido, e até mesmo querido. E logo por quem? Por aquele belíssimo alfenim...

Antes que ele se refizesse de tanta emoção, Castelita aduziu ainda, entre irônica e divertida:

— A senhora não sabe, mas ele carrega um nome e um sobrenome pomposos.

"Ora, e agora isto... Como ela pode saber tanto da minha pessoa?" — pensou, muito intrigado.

Matreira e sorridente, ela estancou os passos antes de desaparecer dentro da casa, fitou-o, entre apiedada e feliz com a sua presença (o que era evidente), ao mesmo tempo em que atrevidamente aconselhava:

— Acalme-se, minha avó. Fique descansada, porque ele já se vai. A minha bola caiu tão longe que, julgando-a perdida, fiquei triste e a olhar pelas grades do portão, quando ele muito gentil me apareceu com ela nas mãos.

Mentia, enquanto piscava mais uma vez para Dom, confirmando aquela cumplicidade...

Em seguida, cochichando com Emos, ela fingiu entrar, enquanto voltava célere ao portão para indagar-lhe:

— Diga-me depressa. Por que usa um nome tão importante, logo você?

Pigarreando e se engasgando com as palavras, Dom esclareceu com um certo orgulho:

— Um bom e sábio amigo, que me admirava os modos refinados, batizou-me assim.

– Ora, ora, e pensa que eu não sei? Sei mais de você que você mesmo...

Olhos arregalados de tanta curiosidade, Dom quis saber:

– Se é assim, por que me faz tantas perguntas?

– Para desatar-lhe a língua, que é muito lenta.

– Me perdoe. Diante de sua pessoa, sinto-me aturdido e até intimidado. Então, diga-me, por tudo aquilo que mais ame, quem sou eu e de onde me conhece?

Suas orelhas queimavam e o seu rosto parecia em brasas, tal o seu constrangimento diante daquela preciosidade que, embora nunca tivesse visto antes, parecia ser a inquestionável dona do seu destino.

Ouviram-se rumores dentro da casa e passos muito ligeiros.

Castelita se apressou e, por fim, quando ela desapareceu dentro daquele antigo castelo (era assim que ele via o luxuoso casarão), dava para ouvir os sons de ferrolhos e trancas sendo acionados.

Naquele momento, ele sequer poderia imaginar que mais à frente viveria ali mesmo uma inusitada experiência que modificaria radicalmente o seu destino.

Um problema muito bem-vindo

Sub-repticiamente, naquele dia inesquecível para minha alma e meu coração, Castelita me passara uma pequenina bolsa, repleta de dobrões de ouro, que antes ela carregava dependurada na cintura.

Quando parei no caminho e conferi o seu conteúdo, cheguei a ter vertigens, tal a minha estupefação.

Desde então, acrescentei mais um cuidado específico à minha vida: esconder aquele tesouro. E felizmente tenho conseguido, apesar das grandes dificuldades que habitualmente enfrento.

Meus anseios de vida então ampliaram-se consideravelmente. Antes, sem recursos ou ideias salvadoras, e agora, com maiores possibilidades de futuro. Vaidoso, cheguei a concluir que meu pomposo nome a partir de então passara a fazer grande sentido.

E, depois de tantas experiências, quando me deparei com as ruínas do velho castelo, me surpreendi, ensaiando uma arrogância, que já não deveria mais encontrar eco em meu coração. Afinal, tão experimentado na miséria e no sofrimento ao lado de tantos outros semelhantes, eu já deveria ter aprendido mais a respeito das incertezas da vida e dos seus grandes mistérios...

Infelizmente, porém, passei a medir (para começar) a grande distância que se interpunha entre mim e os meus companheiros. Aquela inveja então daqueles que tudo possuem na vida cresceu a ponto de me tirar o fôlego... Oh, tristeza! Eu revelava, sem rebuços, tudo aquilo que ainda era na minha batalha natural e intensa da escolha entre o bem e o mal.

"Quanta invigilância, Dom. Você nem pode dizer que ignora estas coisas" — dizia a mim mesmo.

Em seguida, me defendia:

"Ora, ora, o que sou, afinal, um néscio? E não é o que sempre desejei? Agora estou no topo. Assim como todos que me rodeiam, basta me organizar, a grosso modo, para começar também a aparecer... Sim, chegou a minha hora de ser rico e feliz. Afinal, a vida me deve e muito."

Mas, em tempo, voltava a refletir com acerto:

"Como esquecer que, acima de qualquer outro interesse, minha meta primordial é lutar sem cansaço por melhoras íntimas? De que terá me valido tudo aquilo que vivi até hoje, se, desavisado, eu atirar tudo a um monturo de lixo? "

Envergonhado, respirava fundo para concluir então mais consciente e mais atento:

A minha adorável e inesquecível Castelita, ao entregar-me uma dádiva tão rica quanto oportuna, me propôs sem palavras um grande desafio moral. E ela estava certa.

Recordo agora de quando decidi revê-la e fui ao seu casarão. Arquitetei um bom plano, refiz os mesmos caminhos e, muito ansioso, me aproximei daquela luxuosa moradia para, surpreso e em choque, duvidar da minha própria sanidade.

De tudo aquilo que eu surpreendera em luxo beleza e encantamento, restaram tão somente deploráveis vestígios.

Desorientado, julguei ter-me enganado quanto aos caminhos, mas quanto mais pervagava pelas redondezas à procura de algum ponto de referência, mais confuso me sentia, frente àquela dura realidade.

Como entender? Ali eu vivera o mais belo sonho de toda a minha vida... Teria sido joguete de alucinações ou fora vítima de algum sortilégio?...

Quem sabe, caído ali de fome e de fraqueza, eu tivera apenas um sonho daqueles que nos parecem reais? Como e por que toda aquela beleza se transformara tanto, envelhecendo assustadoramente da noite para o dia?

Transtornado e sem muito entendimento, concluí:

As almas que um dia aqui viveram já devem ter tomado outros rumos.

Alquebrado, chorei de dor e de saudade daquele mundo recém-descoberto e subitamente perdido.

Recordei, porém, em sobressalto:

Como explicar a existência palpável dos riquíssimos dobrões de ouro que ainda permanecem comigo?

Mais perturbado que antes, me sentei numa grande pedra rente ao portão e liberei um pranto que parecia não ter fim. Uma ave de rapina sobrevoou minha cabeça, tão próxima que precisei espantá-la. Por certo, faminta, já via em mim seu provável alimento. De qualquer modo e naquelas circunstâncias, se me afigurou de mau agouro... Arrepiei-me, enchendo-me de temores.

Puxei os meus cabelos, bati no meu rosto e rasguei os trapos que vestia para me sentir vivo. Mas, ao voltar o olhar para o 'antigo castelo', ali estavam inertes e deformadas aquelas ruínas caindo aos pedaços e absolutamente vazias e silenciosas.

Disparei numa corrida sem sentido nem rumo para regressar ao ponto de partida e agarrar em fúria as grades enferrujadas do velho portão. Enquanto assim me comportava, gritava em direção ao interior da casa:

– Castelita, ó Castelita! Emos! Dona Centenária, Senhora dos Arcos! Por quem sois, atendam-me, peço-lhes. Por misericórdia, me socorram...

Por fim, exausto, me decidi e saltei para dentro daquele desarranjo arquitetônico.

Uma vez no exuberante jardim, recordei a braçada de rosas que Castelita tão elegantemente carregava. Temerário, invadi aquela antiga propriedade sem medir os riscos que poderia estar correndo. Ali, eu poderia me surpreender com animais peçonhentos, com algum reduto de criminosos ou, quem sabe, com espíritos malvados. Contudo, para o momento, nada disso me importava.

Cheguei a um imenso salão, decorado com belos e valiosos lustres de cristal, que se balançavam lúgubres ao vento. Fiel aos meus hábitos, concluí que provavelmente ninguém vira ainda aquelas preciosidades ou ninguém se atrevia a saquear o velho casarão, por medo ou superstição.

E enquanto explorava os diversos ambientes, me surpreendi desagradavelmente com meus velhos conhecidos: os ratos.

Prosseguindo, galguei as perigosas escadas em caracol (devido à erosão), para me surpreender em numerosos e espaçosos cômodos envelhecidos e completamente desabitados. Continuei a minha inspeção arbitrária e insensata, em arrepios, para chegar a uma grande sala guarnecida de prateleiras recheadas de livros escurecidos pelo tempo e cobertos de poeira. Ali, uma velhíssima escrivaninha em madeira de lei, muito bem conservada, a um canto dominava todo o ambiente.

Magnetizado como um inseto pela luz, eu me aproximei da velha cadeira de alto e luxuoso espaldar e nela me sentei extremamente confortável. Então aquela velha arrogância me alcançou:

Então, aquela velha arrogância me alcançou:

– Ei-la aqui no mesmo lugar! – exclamei satisfeito, embora sem um desejável entendimento racional.

A partir daquele instante, passei a vivenciar misteriosas e inexplicáveis experiências de foro íntimo, numa dicotomia esdrúxula, assustadora e inusitada. Em vertigens, comecei a expedir ordens e mais ordens, a assinar papéis, documentos e selá-los com lacres, que lhes imprimiam estranhas heráldicas. Inchado de orgulho, vaidade e ambição, furioso, eu exprobrava a tudo e a todos.

Assim, eu iniciava naquele dia o comando daquele castelo e de uma corporação de fâmulos submissos e assustados, vestidos em trajes adequados às suas funções.

Era inegável que ali eu não pedia, mandava. Não esperava por ninguém, nem perdoava erros; castigava à menor transgressão e com os rigores de praxe. Além de obedecidas, minhas ordens não poderiam jamais ser questionadas e ai daquele que a isso se atrevesse.

Um estranho sentimento de ódio corroía minha alma e desejos infrenes de poder e de novas conquistas me submetiam obsessivamente.

Olhei ao redor como um felino à procura da presa, quando uma daquelas vozes, às quais eu já me habituara a ouvir desde a infância, explodiu no ar num som estridente e metálico:

— E então grão-senhor? Onde se encontra hoje tudo aquilo sobre o qual reinava sem adversários nem contraditores? Onde aqueles que rastejavam, tremendo reverentes e curvados até o chão, no qual as suas ricas botas pisavam? Veja, aí está o triste arremedo de tudo aquilo que já foi encenado na sua memória espiritual para lembrá-lo ainda da servidão na qual eles viviam. Não se engane, porém. A maioria deles já tomou outros rumos, na direção adequada à sua nova condição, levados e alocados pela lei divina nos lugares aos quais fizeram jus, muito embora alguns ainda neguem essa realidade, usando para tanto sofismas e recursos tão enferrujados quanto estas ruínas nas quais você se encontra agora.

Numa gargalhada arrepiante, a voz prosseguia:

– Enfim, aqui estás, atraído por um passado de trevas e de erros inomináveis. Vamos, aproveite! Domine e faça-se obedecer como antes!

E, sob a mesma impressão de terror, surpreendi atônito aquele cenário, no qual eu mesmo me movimentava com facilidade, virar lama e poeira em vagas marítimas de algum oceano revolto e etéreo, que passou a me perseguir implacável, envolvendo-me e me sufocando.

Aquele oceano de lama e de poeira rugia, ora em ondas bravias, ora num grotesco som de gargalhadas ensurdecedoras que, avolumando-se, aproximavam-se de mim.

Dominando por fim o torpor que me invadira, de um salto corri em direção à saída tal qual um coelho assustado. Mas, entre o trajeto que eu fazia e o que ainda me restava fazer, o meu pensamento oscilava entre a dúvida e a certeza de estar vivo ou morto, desperto ou mergulhado num terrível pesadelo.

Enquanto isso, a voz trovejante (oh, desespero inaudito!) não arrefecia sua força e ênfase, esbravejando e esconjurando-me:

– Volte, homem. Faça bom proveito de tudo que lhe pertence.

De súbito, estanquei de frente a uma galeria de retratos. Dentre eles, um de Castelita – lindíssima, tal qual a vira naquele dia, nos mesmos trajes e carregando o mesmo buquê de rosas.

Por momentos fugidios, vacilei entre seguir adiante ou arrebatá-lo para mim. A exiguidade de tempo, porém, me exigia pressa, pois as trevas se aproximavam velozes.

Duvidei por alguns instantes da verdadeira intenção de tudo aquilo que tão ferozmente me perseguia: expulsar-me de fato ou simplesmente dar-me uma boa lição?

Por via das dúvidas, decidi imprimir mais força e velocidade às minhas pernas, intensificando mais o meu instinto de sobrevivência, enquanto continuava a ouvir aqueles rumores inacreditáveis, somados às admoestações de cunho moral.

Respirei ruidoso e alvoroçado, quando percebi que a voz anterior se calava, enquanto outra mais amena e conciliadora se sobrepunha, sem deixar, contudo, de ser tão enérgica quanto:

— Aproveite muito bem a 'esmola' que recebeu daquele nobre coração. Coração que há muito o perdoou para seguir amando-o. Saiba que ela tomou a iniciativa de auxiliá-lo, como fez, porque aposta sincera e amorosamente em sua regeneração moral. Aprenda de uma vez por todas que, acima de tudo aquilo que vive, vê e conhece, outras forças mais poderosas comandam o mundo e tudo o que nele existe, a começar pelos homens intrinsecamente ligados entre si e na mesma destinação evolutiva.

Ainda a ouvir a sábia preleção, saltei aquele portão

sem saber como, tal a facilidade com que o fiz para prosseguir, correndo em disparada. Numa das curvas do caminho, eis que surge à minha frente uma figura envolta em intensa luminosidade.

Mudo e estarrecido ouvi:

– Vá, meu filho. Agora sabe mais a respeito de si mesmo e dos motivos que o atiraram na situação atual que, conquanto lhe pareça injusta, faz parte da lei de causa e efeito. O mais, dependerá tão somente de você. O futuro é prenhe de novas esperanças e de novas oportunidades.

Então liberei o pranto represado. Meu peito arfava de cansaço e de emoção.

Depois de alguns instantes de silêncio, nos quais eu me refazia, o ser iluminado voltou a falar:

– Dezoito anos vividos nesta existência já é tempo para amadurecer na alma uma conscientização maior e concluir e que tudo na vida depende das nossas atitudes e decisões, diante daquilo que convencionamos chamar de destino. Porém, nós mesmos decidimos ao longo das nossas existências como serão o nosso presente e o nosso futuro. Portanto, os sofrimentos, quando não são causas do presente, frutos das nossas rebeldias e imprudências, são enganos nossos acumulados, esquecidos no espaço e no tempo exigindo ajustes. A Grande Lei é perfeita porque é justa.

Baixei a cabeça profundamente envergonhado. Sem um laivo de dúvida, concordava em todos os sentidos com aquelas assertivas, mas me doía muito a triste constatação daquilo que eu ainda era. Com um grande nó na garganta e lágrimas abundantes a escorrer, prossegui, ouvindo:

– Siga o seu caminho e desta vez não tente, simplesmente faça. Enfrente todas as dificuldades criadas por você mesmo e faça o melhor que puder. Sua própria vida apenas você pode viver.

Tudo aquilo que precisamos ou merecemos nos vem Daquele que, em primeira e última instância, governa tudo no Universo. O livre-arbítrio é ferramenta sagrada para agir ou para reagir acertadamente no exercício da vida, para provar aquilo que já somos e tudo aquilo que ainda nos falta ser.

Colhemos invariavelmente flores e frutos ou os espinhos que semeamos ao longo dos nossos caminhos. As pedras espalhadas nós mesmos teremos de carregá-las, com o nosso esforço, muitas vezes ferindo nossas próprias mãos, a fim de amainar o terreno, nivelando-o.

Modifique a sua vida, ainda que ao seu redor tudo lhe pareça avesso. Guarde para si mesmo aquilo que viu e viveu aqui como parte da sua história espiritual. Mesmo porque, ninguém acreditará em você. Zele cuidadosamente pela generosa espórtula que recebeu e que não se desmaterializará como tudo o mais, uma vez que lhe pertence. Saiba que a mesma dádiva que ora recebe de sua benfeitora você mesmo a concedeu muito tempo atrás. E ela, no momento, lhe retribui com acréscimos generosos. Veja você como possuímos apenas aquilo que doamos.

Emos é meu nome. Fui designado para protegê-lo. Reafirmo a antiga afeição que nos une e a intenção de bem conduzi-lo. Não aguarde, contudo, facilidades e privilégios, pois a obra é sua, e não esqueça que nós mesmos somos os construtores das nossas venturas ou desventuras.

Dito isso, o ser iluminado desapareceu como por encanto. Fiquei ali a pensar em tudo aquilo que vivi e apreendi em tão curto espaço de tempo.

O carro-de-boi

EXAUSTO DE CORPO e alma, me sentei no chão e fiquei à espera sem saber do quê. Entendia que, depois daqueles estranhos fenômenos, eu adquirira logicamente uma dívida maior para comigo mesmo e para com a vida.

Quanto tempo permaneci ali sozinho e pensando? Não sei.

Cochilei algumas vezes, faminto e cansado, e de um destes cochilos despertei com os rangidos de um carro-de-boi que apontava na curva da estrada lamacenta.

Aguardei-o... Coração aos saltos...

Enfim eu veria alguém de carne e osso como eu...

Ao se deparar com a minha triste figura na estrada, o carroceiro estancou os bois:

— Ou, ou, ou! Parem, Barroso Malhado, Teimoso Azulão...

Rosto enrugado, olhos claros, cabelos grisalhos e ralos, ele abriu um sorriso e declarou jocoso:

— Parece que encontramos pelo caminho um bezerro desmamado. A sua cara é de pura fome. Apanhou um dos vasilhames que transportava, entornou-o numa grande caneca e entregou-me, com largo sorriso estampado no rosto.

Sorvi até a última gota sem respirar, e até ver o fundo da caneca vazio.

Para a minha felicidade, o bom homem indagou ainda:

— Está satisfeito, meu jovem?

Diante do meu silêncio ele tirou do seu embornal um pedaço de pão e uma farta tira de carne defumada, estendo-os às minhas ávidas mãos.

Mirando-o com assombro, trinquei com vontade e muito gosto aquelas iguarias, que na minha boca sabiam à ambrosia dos deuses.

Naquele momento e naquela situação de abandono e de fome, eu devoraria qualquer coisa que me dessem. A fome é de um sofrimento atroz...

— Muito agradeço, meu nobre senhor. Para onde se dirige?

— Estou trabalhando na entrega deste leite. E devo apressar-me. Alguns fregueses não são muito pacientes. Fique em paz!

Em seguida, voltando-se para os cavalos, ordenou:

— Eia, meus amiguinhos, vamos, vamos...

Num átimo de segundo, analisei a solidão à minha volta e gritei presto:

— Por favor, me aguarde. Não gostaria de alguma ajuda? Eu posso fazer isso, enquanto aproveito o percurso, se me permitir naturalmente. Estes galões de leite parecem muito pesados.

Sorrindo levemente, ele balançou a cabeça concordando, enquanto me mostrava solícito um lugar ao seu lado:

— Sabe, meu amigo, hoje mesmo roguei aos céus uma ajuda, pois as minhas costas parecem que vão se abrir ao meio. Cumpro essa rotina há mais de vinte anos.

— E não tem ninguém? Digo para auxiliá-lo?

Entristecido, ele me respondeu num tom quase inaudível:

— Já tive... Noutro tempo... Quando os meus filhos...

Silenciando, revelou uma emoção quase incontrolável. Mais alguns instantes e prosseguiu:

— Um deles já morreu. Os outros se foram à procura de melhores oportunidades de vida.

Pressentindo algo maior, aguardei em silêncio.

Trançando as rédeas do seu carro-de-boi, ora para a mão esquerda, ora para a mão direita, inquieto acrescentou:

— O que me dói mais até hoje não é o que decidiram fazer das suas vidas, mas...

— Mas?...

Tomando de novo as rédeas, uma em cada mão, e

impulsionando as alimárias a retomarem o caminho, aconselhou-me:

— Esqueça, filho, não vale a pena. Deixemos as tristezas para trás. Os meus fregueses já apontam nas suas portas e me parecem mal-humorados com a espera. Hoje me atrasei um pouco mais... Ajude-me, se assim lhe aprouver, a descarregar o carro e a fazer as entregas.

— Sim, sim, vamos! – aduzi prontamente.

Condicionados, os animais estacionavam automaticamente às portas dos referidos fregueses.

A partir desse dia decisivo na vida de Dom, depois de horas estafantes de viagens e de entregas, nas quais ele se esfalfava sobranceiro a se sentir a pessoa mais importante do mundo, ele dava os primeiros passos numa nova realidade. O olhar de aprovação do seu novo amigo lhe conferia e aumentava as forças e a boa disposição.

Estacionando o seu carro-de-boi, Belizário aconselhou-o a lavar as mãos, os braços e o rosto num riacho próximo e murmurejante e a enxugar-se num trapo muito limpo antes de um pequeno repasto.

Acompanhando-o, Dom sorveu animado outra caneca de leite, acompanhada de mais uma côdea de pão, respirando aliviado pela fome saciada e muito grato ao tratamento fraterno que Belizário lhe dispensara desde o primeiro momento.

Mais fortalecido, embora a sua fraqueza física gritante, Dom imprimiu cada vez mais força e disposição na tarefa que se estenderia por mais algumas horas. Ao final do trabalho, banhado de suor, apesar do frescor do dia, que contava apenas com um tímido sol naquelas paradisíacas paisagens, ele limpava vez por outra o rosto e as mãos na finalização do serviço, que exigia ainda rotineiras providências.

As moedas tilintavam nos bolsos do velho carroceiro e soavam como música aos ouvidos de Dom, que lhe entregava cada uma delas, recebidas dos fregueses, e, ao fazê-lo, sentia-se orgulhoso de si mesmo, numa isenção de ânimo e numa honestidade que jamais fizeram parte do seu 'jeito de viver' (embora a tentação de alguns maus pensamentos, refutados todos em nome da gratidão e das suas novas expectativas).

Os olhos claros de Belizário (já um tanto embaçados devido aos prejuízos da idade avançada) despertavam-lhe simpatia e confiança. Sua difícil respiração e as veias saltadas pelo esforço físico revelavam muito cansaço, consequência natural de uma existência longa, sofrida e assaz laboriosa.

Durante as horas daquele dia memorável para Dom, ele temera que de um instante para outro Belizário sucumbisse de exaustão. Este temor incentivou-lhe ações mais concretas, a fim de poupá-lo.

No caminho de volta, Dom percebeu que já era hora de Belizário seguir sua vida e que dela ele não fazia parte.

Enquanto assim pensava, ouviu-lhe a indagação:

— Onde deseja ficar, meu valoroso jovem?

Sem saber o que falar, Dom gaguejou:

— Eu?... Bem, bem... Eu não sei...

Era preciso muito cuidado na resposta.

— Na minha casa e no meu trabalho se resumem os meus dias – declarou Belizário.

Dom precisava ganhar tempo... Avaliar melhor o terreno.

– Muito grato, pelo socorro na estrada e pelo generoso trabalho. Gostaria de conhecê-lo um pouco mais, se me permite...

– Bem, como já sabe, negocio o leite do meu reduzido rebanho, que já foi bem maior, mas num dia muito infeliz para mim o antigo proprietário da minha casa, em nome de algumas pequenas dívidas, levou-me a maior parte dele, escolhendo os melhores animais. E, imagine, a dívida era recente e eu lhe pagaria em poucos dias. Muito aflito, me comprometi a isso, mas a ambição daquele homem não conhecia limites. Naquele tempo, mais jovem e mais forte, enfrentei-o na inútil tentativa de defender os meus direitos. Ele, contudo, fortemente cercado de cúmplices assalariados, concretizou sua torpe intenção.

Indefeso, perplexo e completamente arrasado, caí de joelhos na terra molhada para lamentar-me, chorando como uma criança... Aqueles animais, além de fazerem parte do meu dia a dia, eram o resultado de muito esforço e de muito suor ao longo dos anos.

Fazendo uma pausa, Belizário olha ao longe, mergulhado nas suas tristes reminiscências... Dom, por sua vez, cerrou os punhos e trincou os dentes, visivelmente modificado:

– Onde vive hoje o tal ladrão? O senhor sabe? – indagou, intempestivo.

– Sim, veja, daqui mesmo você consegue divisar as torres e as seteiras do seu castelo, o qual ele cerca de todas as defesas possíveis. Mas deixemos para lá. Não vale mais a pena – aconselhou fazendo um gesto de somenos importância.

Dom, contudo, retrucou:

— Não penso assim... Ele deve ser enfrentado, e muito bem enfrentado.

— Ah, meu filho, aqueles que já se arvoraram, assim como você faz agora, em enfrentá-lo há muito já viraram pasto para os urubus.

— Irra! – Dom arrepiou-se, enquanto recordava em tempo as recentes admoestações e os conselhos de Emos.

Curioso, Belizário indagou:

— Onde aprendeu a falar e a se comportar assim? Pude observar-lhe desde o primeiro instante modos refinados e muita facilidade para se expressar convenientemente. Contudo o seu corpo revela uma fome antiga, dores e carências de toda a sorte além de...

Belizário vacila, tal o seu constrangimento:

— Perdoe-me a indelicadeza da observação, mas você está todo marcado por cicatrizes. Fico a imaginar a parte que não está visível... — Belizário se demonstra comovido.

Dom sente um impulso quase irresistível de fugir dali. Gostaria de ignorar-lhe a natural curiosidade, esconder-se, contudo, pigarreia e disfarça, enquanto olha ao redor, explicando-se:

— Carrego algumas lembranças tão tristes e deploráveis quanto as suas...

— Pode dividi-las comigo? Eu gostaria de saber mais a seu respeito também.

– Sim! Recordo um palácio admirável e muito luxuoso de onde um dia muito triste para mim fui atirado à rua sob ameaças e palavras nada bonitas de se ouvir. Eu chorava muito, pois sentia sede, fome e toda a sorte de necessidades, além do pavor que me alcançava ao me sentir completamente sozinho e indefeso.

Frequentemente eu voltava, mas os criados me batiam sem piedade e me atiravam cada vez mais longe, a fim de que eu perdesse de vez o rumo.

O senhor pode acreditar que alguns deles gargalhavam enquanto me escorraçavam? Os seus rostos malvados ficaram gravados na minha memória. Às vezes, sonho com eles, para despertar suado e em pânico.

– Há quanto tempo isso se deu, você sabe?

– Não, senhor. A minha vida foi passando e eu rolando como pedra de rio sujeita às correntezas. Tem sido assim até os dias de hoje.

Respirando fundo e erguendo alto a cabeça, Dom conclui:

– Enfim, fui uma criança abandonada, assim como acontece a tantas outras...

– Quantos anos você tinha naquela ocasião?

– Ignoro completamente. Recordo simplesmente aquilo que lhe contei.

– E qual era então o seu nome?

– Não sei lhe dizer. Com o tempo, presumi que me chamava Carlos e adotei esse nome.

– E como passou a viver?

– Nas ruas, a rogar abrigo e comida, tantas vezes negados... Maltrapilho, magérrimo e malcheiroso, sem nada de meu, fui escorraçado e desprezado abertamente por quantos passassem pelo meu caminho. Confesso que passei a detestar as pessoas de tal forma e com tal intensidade que muitas vezes desejei matá-las...

Ao dizê-lo, Dom modificou o seu semblante de tal forma que chegou a impressionar Belizário. Este concluiu sabiamente que no coração do seu mais recente amigo havia ainda uma luta imensa entre o bem e o mal, entre o certo e o errado. Dom, por sua vez, baixou a cabeça, temeroso. Sua explosão de raiva havia impressionado negativamente aquele bom homem, que poderia vir a ser a sua grande chance para mudar de vez a sua vida miserável...

Belizário, contudo, envolvido em sentimentos outros, desabafou:

— Oh, Deus! O egoísmo e a indiferença de tantos dão lugar a esta e a tantas outras situações semelhantes... Na insensibilidade de alguns e na covardia de outros, o mal se espalha na face deste planeta.

Surpreso, Dom indaga:

— E o senhor, de onde lhe vem tanta sabedoria e esse amor tão grande e consciente à humanidade?

Belizário revela algum esforço, a fim de se recompor emocionalmente, antes de responder:

— Das minhas próprias experiências, filho. Algumas tão dolorosas que até os dias de hoje corroem este velho coração. Sem esquecer também — e como poderia? — as Sagradas Escrituras que meu pai usava para instruir-me sábia e amorosamente.

— E sua mãe, senhor?

— Partiu muito cedo. Meu pai dizia que ela sempre pertencera aos céus.

— Parentes? Não os tem?

Virando-se para Dom, ele retruca:

— O mesmo eu poderia indagar-lhe.

Arregalando os olhos numa expressão quase infantil, Dom responde divertido:

— E como eu poderia saber? Se nem sei quem sou?...

Rindo, gostosamente, Belizário comenta, enquanto lhe aponta a porta da casa, convidando-o a entrar:

— Ora, pois. E, não é? Mas, venha, venha, entremos. Tenho lenha para nos aquecer, alguns pertences e os alimentos que adquiro com o resultado das vendas de pão e de leite. Mas, diga-me, rapaz, o que pretende fazer daqui para frente?

Olhando significativamente para o seu benfeitor, Dom responde reticente:

— Não sei ainda...

— Pois fique aqui, ao menos por enquanto. Quando se decidir, poderá ir embora.

Dom mal podia acreditar. Teve ímpetos de abraçá-lo, mas não tinha o hábito de fazê-lo.

— Posso ficar? De verdade?... – indagou muito tímido.

— Ora, e não é o que estou a lhe dizer? Vamos, meu amigo, andemos rápido que o dia já caminha para a tarde.

A expressão 'meu amigo' caiu muito bem na alma de Dom. Intimamente, crescia-lhe o impulso de defender Belizário do que fosse necessário, num pequeno contributo de gratidão às suas admiráveis solicitude e confiança. Não havia o que duvidar. Belizário se tornava a cada novo dia mais frágil, mais indefeso...

"Ele só conta com Deus" – concluiu. E no mesmo instante, ouve a voz de Emos a aproveitar a oportunidade do aprendizado:

— Atreve-se a menosprezar a ajuda divina, Dom?... Ora, ora, sem ela, onde estaríamos nós agora?

Reflexivo, Dom é chamado à realidade, ouvindo Belizário dizer:

— Mas, ora, veja, que velho estúpido eu sou. Indagando-lhe para onde vai e esquecendo-me de lhe pagar. Mas, entre de uma vez; vamos. E antes de qualquer outra coisa, tome. Aqui está a parte que lhe cabe – diz Belizário, tirando da sacola que carrega um generoso punhado de moedas, depositando-lhe nas mãos.

Dom recorda a sua Castelita e os ricos dobrões de ouro. Agradece, guarda a quantia, sem ao menos contá-la, e passa a caminhar pela sala limpa e aconchegante.

Muito bem impressionado, exclama com grande entusiasmo:

— Isto é tudo que alguém precisa. Um rei viveria muito bem aqui — lentamente ele analisa tudo ao seu redor, esquecido por instantes da sua miserável condição humana.

Finda a sua inspeção, volta ao ponto de partida e olha para fora. Agradavelmente surpreso, ele divisa uma bela e convidativa cachoeira.

Precipita-se em sua direção e, após ter-se livrado das roupas, atira-se a ela, banhando-se nas suas águas geladas, transparentes e muito bem-vindas depois de um dia de trabalho estafante.

Observando-o, Belizário sorri.

Completamente despido e sem nenhum pudor, Dom se refresca em meio a exclamações entusiásticas e reverentes à Natureza e aos céus.

A Belizário parece um novo batismo deste filho de Deus, aparentemente desgarrado do rebanho.

"Tomara este dia traga a este jovem novas esperanças de uma vida melhor" – ele roga com o coração pleno de solidariedade, enquanto retoma a sua vida rotineira, agora nem tão rotineira, assim com a novidade de um hóspede carente e muito enigmático.

Refazendo caminhos

Anos se passaram desde este acontecimento tão oportuno na vida de Dom.

A princípio, pareceu-lhe apenas um novo espaço entre o seu tempo de dor e de medo, erros e desorientações. Mas percebeu tratar-se de uma nova possibilidade para modificar os rumos da própria existência.

Apesar das suas intenções de não permanecer ali por muito tempo, jamais arrefeceu o ânimo no trabalho diário, ganhando prática e agilidade cada vez maior, surpreendendo-se consigo mesmo, e muito satisfeito, numa vida tão boa quanto singela...

Naquele pequeno paraíso, ele se surpreendeu com belezas naturais, novos recursos, boas amizades e alguma segurança, conhecimentos no trato da terra e dos animais; e por que não dizer, no trato social com os homens. Afinal, desde muito cedo, descortinara, a grosso modo, o lado mais obscuro da humanidade.

No tempo em que vivera mergulhado nas sombras e nos seus consequentes equívocos, não fossem Estevão, os seus conselhos e os seus livros, a descoberta de um grande e inesquecível amor na pessoa de sua querida Castelita (senhora de inegáveis perspicácia e generosidade), a experiência peculiar e quase traumática que vivera frente àqueles surpreendentes fenômenos, e logo depois Belizário e o seu carro-de-boi, o que teria sido da sua vida naquela trajetória sem rumo e sem futuro?

Se bem que, numa sincera autoanálise, por vezes a permear as suas sabedorias atávicas, as suas recentes mudanças de vida e a imensa gratidão que hoje banha o seu coração, em reiteradas ocasiões, precisa ainda reagir contra os velhos impulsos de ódio e de revolta que lhe exigem atenção redobrada. Frente a estes resquícios morais, lamenta os seus momentos de fraqueza...

Antes, tímidas sensações de segurança passavam como pequeninas nuvens que se esgarçavam sem deixar rastros, no turbilhão de brutalidades no qual se debatia.

Naquele tempo, quando entregue a tais conflitos, que o exauriam sobremaneira, caía num profundo estado letárgico para despertar horas depois, recordando Espíritos luminescentes a aconselhá-lo, além da presença de uma mulher de beleza exuberante...

(Assim, em meio à guerra que o ser humano enfrenta portas adentro do coração, ora ele vence, ora ele perde, caindo e levantando, a fim de transformar o 'homem velho num novo homem', mais livre e mais consciente.)

Em vida, Belizário lhe concedeu tudo, assim como fizera aos seus legítimos filhos. Por esta razão, Dom pôde desfrutar durante alguns anos das alegrias de um amor filial, devotado e sincero.

Hoje, os novos sucessos de sua vida chegam em catadupas, enquanto lhe cobra novas atitudes.

Quando Belizário adoeceu gravemente e num curto espaço de tempo entregou sua boa alma a Deus (não antes de reconhecê-lo legalmente como filho), Dom dedicou-se a cuidar dele até que os seus olhos se fecharam para sempre.

Na hora certa, Belizário dera as últimas pinceladas no quadro da existência de Dom, comprovando que, quando o auxílio chega com dignidade, sincero e bem estruturado nas leis do amor e da razão esclarecida, cumpre o seu desiderato, o de resgatar o ser que se encontra perdido, sem rumo e atirado no báratro dos vícios e do crime.

No período que permeou as suas transformações, Dom se fortaleceu física e moralmente, preparando-se definitivamente para a realização dos seus mais caros ideais de vida. Durante algum tempo permaneceu nas terras e na casa de Belizário (agora suas, de acordo com a lei). Nas horas vagas, como de hábito, lia muito e não raras vezes recordava Estevão a contar-lhe belíssimas histórias, para depois premiá-lo com prognósticos venturosos para o seu futuro.

Emocionado, recorda, pequenino, olhinhos bem

abertos, mãos no queixo, acreditando em tudo aquilo que ouvia do seu amigo.

Um dia, choroso, muito inseguro e triste, quis saber:

— Estarei sempre perto de você, não é, Estevão?... Prometa, prometa.

— Sim, prometo. Jamais o abandonarei. Descanse e enxugue estas lágrimas, meu amiguinho.

— Para onde você for eu irei? Sem você eu serei mau, muito mau mesmo. Você nem imagina o quanto! — exclamava por entre copiosas lágrimas.

— Não, meu pequeno. Ninguém nasce para ser mau.

— Não?... E aqueles que nos maltratam, ferem e podem até nos matar?...

— Nem mesmo eles, Dom. Um dia, eles cairão em si e muito sofrerão, no esforço para o caminho de uma necessária e louvável retratação moral. Esta a destinação natural de todos aqueles que, equivocados, ainda escolhem as trilhas do erro e do crime.

Abstraindo-se por alguns instantes, Estevão o abraçara comovido, enquanto, triste e emocionado, rogava aos céus por todos os pequeninos 'Dons' que se arrastam pelo mundo.

A cortina do tempo se abre

Emos mora numa bela e bem organizada residência de grandes proporções, com inúmeros cômodos e amplos espaços.

Ali, ele vive sozinho numa solidão que lhe dói até nos ossos. Mas, embora já sinta o peso dos anos na matéria perecível, esforça-se para se manter firme, como um soldado fiel a vigiar e proteger o seu quartel.

Os seus há muito abandonaram aqueles sítios à procura de melhores oportunidades de vida. Instaram com ele a fim de que os acompanhasse, o que Emos se negou terminantemente a fazer.

O lugar é riquíssimo de belezas naturais e a sua extensa propriedade, encravada numa elevada montanha branca e brilhante, como pedra preciosa integra-se magistralmente à exuberante paisagem, que mais bela se torna quando o gelo ocupa o seu lugar na estação apropriada, para depois partir, liquefazendo-se sob os raios do sol que, enfim, regressa para devolver no tempo certo as possibilidades para atividades outras, mais compatíveis com a sobrevivência humana e com seu progresso civilizatório.

Então, enquanto a vegetação se cobre de verde e de uma policromia admirável, os animais tímidos e algo sonolentos vão deixando as suas tocas para disputarem um lugar ao sol, à procura do alimento que precisam, depois da longa e sofrida estação invernal.

Emos tem o hábito de sair em longas caminhadas, quando estas belezas ressurgem como num passe de mágica.

O próprio mar, novamente líquido, agitando-se, devolve-lhes com generosidade o alimento do qual dependem, não apenas para as próprias forças físicas, mas também para movimentar o comércio local. Tudo isso faz do seu 'pedacinho de chão' um dos lugares mais aprazíveis do mundo.

Emos se levanta ao nascer do sol, que no seu brilho e calor convida para mais um dia de esforço e de renovação na vida preciosa que o Criador concede às suas criaturas.

"Será que um dia tudo isso se modificará, minhas amigas gaivotas? Será?..."

Assim ele inicia um monólogo à beira do oceano, sentado num pequeno rochedo, onde as ondas vêm morrer suavemente sobre os seus pés enormes, um gigante que é...

Emos respira a haustos, enquanto agradece do mais profundo d'alma tudo que a sua vista pode alcançar, a cobrir extensões territoriais imensuráveis. Distingue barcos de pescadores a lançar as suas grandes e coloridas redes, na esperança de recolherem o rico alimento para suas mesas e para aqueles que pagam a fim de obtê-los.

Nestas temporadas, muitos outros chegam, o que faz aumentar significativamente o número de habitantes. Alguns surgem do nada, à procura de algo que lhes possa interessar.

A princípio, são alvos de aversão e de desconfiança, e não raras vezes, redundam em escaramuças ou algo pior, quando dois grupos se enfrentam violentamente.

"Tem sido assim, minhas amigas, desde que o homem se deu conta da própria existência na face deste planeta – ele prossegue, como que dialogando com as aves que caminham livres em busca de alimento –. E até hoje as coisas pouco mudaram, porque os homens quase sempre decidem impor as suas opiniões, enquanto os outros reagem da mesma maneira. Que grande tolice, não é? Se hoje ele ganha, amanhã ele perde. Se hoje tem juventude e força, amanhã terá fraquezas, na patente incapacidade de prosseguir se defendendo. Ora, não seria mais sensato criar desde cedo outro jeito de ser e de viver?

"O ser carrega dentro de si a força de vontade que o move, misteriosa e imperativa, onde quer que ele esteja. A princípio, ele caça para sobreviver e arrebata aquilo de que precisa. Sem refletir, vai para onde quer ou para onde pode, sobrevive e amadurece, enquanto veste formas diversificadas, numa metamorfose constante em direção ao futuro, visando natural e automaticamente a sua própria evolução, no rumo infalível da ansiada perfeição. Mas, um dia... – Emos se dirige ora às aves, ora às ondas bravias, que se desdobram belíssimas a rugirem furiosas, para depois se desfazerem suavemente sobre a areia da praia – este homem não terá mais resquícios da brutalidade que nele um dia imperou. Mas, ah, que caminho longo e sofrido ele terá então percorrido!...

"Que fazer, se viemos todos um dia das fieiras da simplicidade e da ignorância? Aos poucos – vejam bem, aos poucos e muito lentamente – iremos todos nos iluminando de dentro para fora numa gloriosa e fatal transmutação."

Uma gaivota mais afoita não desdenha o apetitoso alimento que se interpôs por entre os seus dedos dos pés e se aproxima, arisca, a fim de abocanhar o petisco. Rápida, se vai, fazendo Emos rir com muito gosto:

– Oh, pequenina! Eu jamais lhe faria mal. Somos parte da mesma criação divina!

Emos permanece ali, pensativo e sonhador, conversando consigo, sem medir o tempo, esquecido de outras ocupações mais práticas e mais urgentes, das quais dependem a sua própria vida, como alimentar-se convenientemente, ainda mais agora, quando o tempo lhe revela sem disfarces as fragilidades de uma velhice que chega devagarinho, recordando-lhe a exiguidade do tempo que lhe resta antes do seu regresso à verdadeira vida.

Este é Emos numa época distante, e que há muito já se escondeu atrás da cortina do tempo, aquele mesmo que atravessará o caminho de Dom, a fim de orientá-lo e protegê-lo. Antigo conhecido de outras eras, Dom regressara às experiências de nova encarnação, visando naturalmente se melhorar...

O valor de uma vida

Dom habilita-se cada vez mais nos diversos ofícios que herdou de Belizário. Carregando em si conhecimentos que aparentemente nada têm a ver com a sua nova condição de vida, onde o cérebro mais parece se apartar dos braços, habituou-se a buscar o pão de cada dia a cada novo alvorecer com o suor do seu rosto, a fim de suprir-se de tudo aquilo que o homem necessita para viver em relativas saúde e paz.

Instruído pela generosidade de Estevão, que muito cedo o alertou quanto ao bem e ao mal, num tempo precioso para o seu coraçãozinho infantil, sua nova realidade é feita de honestidade, alegria e muita esperança.

No afã sempre renovado de ver e rever o nascer e o

pôr do sol, mantém a disciplina de trabalhar do amanhecer ao anoitecer, aprendendo com segurança de que modo o mundo funciona e também quais as escolhas mais acertadas para alcançar e amealhar, enfim, tudo que sempre desejou tão ardentemente.

Hoje, recorda por vezes e com remorso o tempo no qual, premido pelas circunstâncias, roubava. Se as ocasiões não se apresentassem elas seriam criadas, em meio a tumultos e ações desesperadas.

Naquele tempo, sentia um estranho prazer em prejudicar os outros, como a se vingar de tudo, sem ignorar que aqueles haveres em suas mãos as tornavam criminosas, situação que lhe predispunha a ter um passaporte para a vida ou a para a morte...

Tinha o estranho hábito de analisar os produtos roubados, imaginando-lhes as histórias, os esforços e os sacrifícios que teriam custado aos seus legítimos donos.

Sequer poderia alegar em sua própria defesa que ignorava as consequências daquilo que fazia, pois tudo ao redor apontava-lhe a arbitrariedade de seus atos.

Sua consciência, que nunca esteve muda, foi encontrando pelo caminho aqueles que, abnegados, lhe ensinaram a ética, a moral da vida. Mas o pavor daqueles que, impiedosos, vigiavam-no, próximos ou distantes, mais dispostos a feri-lo do que corrigi-lo, reforçava-o na continuidade de seus delitos.

Recorda e lamenta as pancadas que recebia, quando ainda em tenra idade, em seu corpo infantil e em formação...

Ah, quantas dores físicas e morais! O quanto desejou

morrer!!! Mas quantas vezes teve ânsia de viver, viver, viver!...

As pilhagens eram feitas num enfrentamento de todos os perigos. Alguns perdiam as suas vidas no embate, pois quando conseguiam êxito na perseguição e na flagrante captura da 'presa', não raro, aglomerações das mais inusitadas se formavam, exigindo justiça.

De onde saíam tantos?... Irrompiam de todos os lados, dos becos, das casas e das lojas, das vielas, das calçadas, das oficinas...

Mas o que poderiam saber daquele que desgraçadamente e por motivos tão diferenciados vivia à margem da lei, aprisionado num mundo feito de sombras e de horror?... Por que seres criados pelos céus para serem bons se precipitam desgraçados no inferno, como os anjos decaídos na famosa alegoria bíblica?

E mais, por que pessoas profundamente invigilantes julgam e condenam precipitadamente, esquecidas das suas próprias misérias morais, necessitadas igualmente de correções e de reajustes? E, afinal, qual o legítimo valor de uma vida, de uma existência?...

Desta ou de outras maneiras semelhantes, morre-se antes de viver no grande e trevoso abismo que a alma ainda habita.

E quanto aqueles que, usando seus uniformes representativos das leis dos homens esquecem os seus lídimos deveres como defensores da lei e passam a agir com violência, igual ou pior que aqueles por eles julgados e condenados!

Cabe à sociedade a grande responsabilidade de socorrer, amparar e promover aqueles que, caindo em patente desgraça, perderam-se por ínvios caminhos. Há que se resgatá-los através da verdadeira justiça, concedendo-lhes a valiosa chance do trabalho digno e da reeducação intelectual e moral, oferecendo-lhes novas perspectivas de vida.

Consciência universal

"COMO SERÃO OS próximos séculos e milênios? De que nos valerão bens materiais e intelecto avançado, se colocarmos tudo a perder? O que esperar de uma humanidade esquecida do amor e da moral? Profecias derrotistas?... Absolutamente, não. Toda sabedoria que viceja sobre a Terra nos alerta há muito tempo sobre todas essas questões... Se não respeitamos nem vivenciamos os legítimos valores da vida, o futuro parece não existir."

Dom cai em si. Mergulhara mais uma vez em suas habituais reflexões...

Agradece o fato de haver sobrevivido a tantas circunstâncias desfavoráveis e lamenta por aqueles que não alcançaram as mesmas prerrogativas e ainda permanecem perdidos e desorientados...

Com Belizário, e depois dele, refizera a sua vida. Agora, iluminado num beatífico sorriso, recorda os dobrões de ouro recebidos generosamente das mãos de sua querida e jamais esquecida Castelita.

Naquele dia, em meio às circunstâncias tão inesperadas quanto misteriosas, descobrira um amor de verdade e, depois, levantando inadvertidamente o véu de Ísis, surpreendeu-se perplexo, num passado de erros e de grandes dívidas morais.

"Querido e saudoso Estevão – pensa –, lamento não ter mais você por perto... Hoje, eu poderia recompensá-lo por tanto amor. Mas, ora, que grande estupidez a minha, querer lhe dar mais que a divindade! Somente alguém espiritualmente atrasado assim como eu poderia albergar no peito tamanha pretensão."

A nova Castelita

Numa manhã plena de luz e de beleza, como acentuadamente na Espanha se veem em determinadas estações do ano, as luzes da Natureza se acendem logo cedo.

A viração do dia refresca e alegra a alma, enquanto o calor do sol aquece aos poucos terras e mares, deste país de beleza ímpar e de paixões avassaladoras, próprias deste povo tão intenso.

Terras da elegância, dos aplausos admirados às danças, à música e ao canto, que transpiram arte e falam de sentimentos envolventes numa crescente intensidade, que mais se assemelha ao pintor que, em transe, escolhe tintas e tonalidades para alcançar os efeitos desejados.

Povo da cultura das touradas, hoje felizmente combatidas e que, lembrando os antigos gladiadores romanos, treinados para matar ou morrer, levam às arenas espetáculos de sangue para entretenimento do povo sedento por emoções rudimentares.

Mas ao soar novas trombetas de progresso, as mudanças chegam, embora ainda levem tempo para se estabelecerem de vez. No contrapeso desta realidade, as tradições culturais: as crenças e valores que se cristalizam no comportamento social e ditam normas que frequentemente empanam a consciência do homem e retardam a sua marcha evolutiva.

Enfim, em trajes impecáveis, o hoje poderoso Dom atravessa ruas, avenidas belas e sinuosas pontes madrilenas. Olhar de brilho intenso, ele segue rumo ao porto, onde vai aguardar a corveta que transferirá a sua querida Maria do Pilar do grande navio, o qual permanecerá à distância do ancoradouro e do trapiche, onde Dom caminha inquieto para frente e para trás, enquanto sua bela, sua musa, se demora.

Fora ela em viagem com alguns membros da família à França, passando antes por Portugal, onde residem outros parentes mais ilustres (nenhuma das duas vertentes sabe ao certo quando ou como principiou a verdadeira história desta árvore genealógica).

O patriarca da família, em Madri, chama-se D. Esteban Hernandez e Hernandez.

Dom não aprecia tal personalidade e, para tanto, possui motivos muito fortes, D. Hernandez frequentemente incide os seus olhos de ave-de-rapina sobre Maria do Pilar.

Enquanto ela não chega, Dom recorda quando e como se conheceram. Saía ele de um edifício público, quando se deparou surpreso com dois olhos negros, como a noite mais fechada, fixos nele e tão somente nele.

Esquadrinhou tudo ao redor, a fim de confirmar sua primeira impressão. De fato, ela o admirava, silenciosa, e a ninguém mais parecia ver...

Sentiu dentro do peito algo inusitado, que lhe submetia todos os outros pensamentos e sentimentos.

Precisava aproveitar aquela oportunidade para criar uma situação favorável. Não desejava perdê-la na multidão. Assim, fingiu abalroá-la para desculpar-se em seguida.

Abaixando-se, solícito, apanhou do chão a sua bolsa e alguns papéis antes que outro o fizesse. A partir daquele instante aquela arena lhe pertencia.

Em seguida, brilho intencional nos olhos, entregou-lhe o elegante adereço, ouvindo-lhe fascinado um gentil agradecimento, acompanhado de um inebriante sorriso.

Ousando mais, atreveu-se:

— Estou desculpado? Posso ajudá-la em algo mais?

— Sim, certamente está. Também fui muito estouvada. Mas estou bem. Agradeço.

Dom precisava ir mais longe.

— Qual a sua graça?

— Meu nome é Pilar, Maria do Pilar Dias Navarro.

Todas as potestades dos céus estariam de plantão naquele dia e naquela hora?...

Na alma de Dom, nesse mesmo instante, instalou-se uma assustadora semelhança, tão poderosa quanto desejável...

Um pouco intimidado, quis saber:

— Porventura, já nos vimos antes?

Sorrindo, complacente ela lhe respondeu:

— Não... Eu me recordaria...

Dom apreciou demais aquilo que ouvira, embora tivesse dúbio significado.

Frente a frente, ambos revelavam o desconforto de não saberem como se conduzir. Dom, coração aos saltos. Ela, almejando compreender aquilo que subitamente a envolvera.

Sem uma combinação prévia nem explicações, passaram a caminhar lado a lado. Vez por outra, Dom fazia algum comentário a respeito disso ou daquilo.

Ela lhe completava a intenção e ambos sorriam como crianças.

Dom decidiu criar coragem e indagar:

— Perdoe-me a ousadia, mas posso fazer-lhe mais uma pergunta?

— Sim, vá adiante. O que mais deseja saber?

Ele pigarreia e vacila quanto a prosseguir na mesma intenção...

O olhar dela, contudo, parece encorajá-lo.

— A senhorita, por acaso, tem algum apelido?

Aquela indagação parecia não fazer sentido, mas quem sabe além da semelhança física houvesse algo mais?

Mais uma vez refletiu quanto ao aparente despropósito da sua indagação.

De fato, à Maria do Pilar aquela curiosidade pareceu excessiva. Contudo, respondeu:

— Sim. Quase sempre temos, não é? E eu, para não fugir à regra, em família sou simplesmente Castelita.

A cabeça de Dom rodou e as suas pernas fraquejaram. A ela não passara despercebida a sua emoção, que lhe pareceu estranha e excessiva.

Apesar das semelhanças já observadas, Dom não esperava tanto:

— Castelita?... Castelita mesmo?... Tem certeza?

Desatando uma sonora gargalhada, ela retrucou:

— Ora, por quem sois! Pareço por acaso alguém sem juízo?

— Oh, não, de modo algum. Perdoe-me. Mas, se me permite, ainda poderia me dizer as razões para tal apelido?

— Embora não consiga alcançar-lhe as intenções, sim. O que gerou meu apelido foram os meus modos de uma castelã. Imagine!

Cada vez mais convicto de que o destino marcara de fato aquele encontro, Dom lhe respondeu:

— Naturalmente, sim. Basta observá-la para constatar o acerto do apelido.

Enquanto ele se abstrai por alguns momentos, Maria do Pilar conclui sabiamente que tem diante de si alguém muito peculiar...

Por fim, ele balbucia:

— Os traços fisionômicos, o talhe esbelto, a voz, o jeito de andar, o brilho travesso do olhar, a postura, a facilidade de troçar, divertida... O encanto e a luz que irradia...

Completamente aturdido, ele fecha os olhos e sorri satisfeito pela venturosa chance que a vida está lhe concedendo.

— O que disse? — ela quer saber.

— Nada de importante. Pensava alto apenas. Sou um sonhador, acredite.

— E um filósofo, talvez?

— Talvez... Quem sabe, não é?

Nesse momento, ele se dá conta de que repetira automaticamente a resposta de Castelita à própria indagação, quando diante daquele portão teceram o estranho diálogo...

Apontando o grande relógio de uma torre próxima, ela exclama:

— Veja, as horas passam. Tenho compromissos inadiáveis.

— Alguém à sua espera?... — apressou-se inadvertidamente, arrependendo-se logo em seguida.

Constrangido, pigarreia e olha ao redor, disfarçando. Ela, porém, que parece ter perdido a pressa, responde:

— Algumas pessoas de fato me aguardam. São parte do meu trabalho.

No seu olhar, uma leve censura. Sorrindo, contudo, ela o faz respirar aliviado.

Frente a este que ora a interpela, não consegue agir como o faria na presença de qualquer outro.

Bem, até a vista, senhor ...

— Oh, é verdade. Ainda não me apresentei devidamente e o faço agora: Dom Carlos Lupe de Medrado, ao seu inteiro dispor.

Maria do Pilar olha mais uma vez para o grande relógio, enquanto reflete:

"Situação peculiar esta. Este homem que parece ter surgido do nada agita inexplicavelmente as minhas emoções mais profundas."

Antes que ela se afastasse definitivamente, Dom lhe diz entre prazenteiro e impositivo:

– Fazendo uso de muita sinceridade, como é do meu feitio, aviso-lhe que não pretendo perdê-la de vista.

– E como fará isso? – ela quer saber.

– Aguarde e verá.

– Bem, já me atrasei demais – ela se precipita, passos largos em direção ao fórum.

– Aqui estarei ainda quando a senhorita voltar – ele confirma.

Ouvindo-o, ela se volta e lhe diz, alteando a voz:

– Não o faça. Devo demorar-me mais do que imagina.

Reafirmando, porém, a sua intenção, Dom responde quase aos gritos:

– Não arredarei pé daqui até que volte.

Desistindo, ela sorri satisfeita e acena-lhe, despedindo-se.

Ele, embevecido, fica a admirá-la, completamente entregue ao seu fascínio, até vê-la desaparecer do seu ângulo de visão.

No peito opresso, a evidente ansiedade por revê-la, e a um só tempo o temor de que alguma circunstância imprevisível lhe arrebate este destino que os colocou frente a frente.

Olhando para o alto, envia ao céu muito azul uma súplica:

"Que nunca mais nos separemos..."

Reminiscências

Dom acomoda-se sobre a mureta de uma ponte próxima e aguarda. Enquanto isso, mergulha em suas habituais recordações.

Pequenino, completamente perdido e abandonado, rostinho sujo, cabelo desgrenhado, o corpo coberto de marcas roxas e encardidos, vê-se sedento e faminto, com lágrimas a rolar súplices e indagadoras...

Ah, e as dores que sente agudamente no estômago?...

Quase sempre caía sobre si mesmo e em qualquer lugar, entregando-se a um sono que poderia durar horas inteiras. Mas, ao despertar estremunhando, abatido e mal-humorado, assustava-se com olhares iracundos, censurando-o, condenando-o... Por quê?... Jamais entendeu.

Recorda ainda quando, arrancado do sono, em meio a dores lancinantes, causadas por pontapés e safanões, com o fim de fazê-lo movimentar-se, saía correndo, conquanto a extrema fraqueza física e a dor moral...

Dom se lembra também de alguns passantes, que o consolavam e lhe dirigiam palavras afáveis ou lhe entregavam algo para comer ou vestir. Eram poucos, mas agradecia muito, chegando por vezes a beijar-lhes as mãos.

Algumas vezes, ouvia promessas mais exaltadas, quanto ao fato de retirá-lo das ruas, oferecendo lhe um lar, uma família. Nestas ocasiões, o menino sorria, numa expectativa que fazia seu coração palpitar, ante a felicidade antecipada. Ansioso, passava dias a observar atentamente os que passavam, como um cão à procura do seu dono, num esforço quase irracional para reconhecê-lo no meio da multidão... Precisava se mostrar. Sim, ainda estava ali, aguardando o cumprimento da promessa. Perambulando pelas ruas, becos e vielas e frequentemente entre lágrimas abundantes, era-lhe difícil entender que mais uma vez seu sonho não se tornaria realidade...

Com o tempo, entendeu que a maior parte daquelas promessas não passavam de impulsos generosos e sem possibilidades de futuro. E em algumas vezes em que aceitara o convite para ter uma vida melhor, não demorou a perceber que se tratava de perversa armadilha, sendo logo em seguida maltratado e colocado a serviço de pedintes nas esquinas das ruas da cidade.

Desse modo, fora aliciado para o bando no qual viveu a sua infância e a sua adolescência.

Dom perdera a esperança, enquanto desenvolvia portas adentro do coração uma notável desconfiança, somada ao ódio direcionado a todos aqueles que possuíam tudo aquilo a que ele jamais tivera acesso.

Hoje conclui pacificado consigo mesmo que daqueles que lhe prometeram auxílio sem, todavia, cumpri-lo podem ter encontrado no caminho das suas boas intenções obstáculos irremovíveis.

"Além do mais, Dom Carlos Lupe de Medrado, a sua jornada antiga e comprometida com grandes deslizes morais se impôs acima das circunstâncias, até que a sua peregrinação de sofrimento por fim culminou na sua decisão e aceitação de se regenerar. Auxílio você recebeu como acontece a todos aqueles que aqui renascem para evoluírem cada vez mais em intelecto e em moralidade. 'A lei é dura, mas é a lei' – quantas vezes ouvira isso de Estevão."

Algumas lágrimas ensaiam cair e ele sacode a cabeça para desanuviar.

Mulheres passam faceiras a lhe admirar a beleza e os trajes elegantes, enquanto ele completamente abstraído sequer lhes nota a presença ou seus olhares.

"Ora, Dom, por quem sois! Este tempo já passou e muita água já correu por debaixo das pontes da sua vida. Aquele passado por certo já cumpriu o seu desiderato. Desperte destes pesadelos e cuide do presente, de sua caminhada no crescimento moral" – ele conclui por fim convicto da própria realidade.

Ergue a cabeça, pensa em Castelita e em Maria do Pilar... Que surpreendente semelhança!

Distração

As horas escoam e, apesar da sua intenção em manter-se atento, Dom sequer deu-se conta, quando dois olhos negros e cintilantes caíram sobre ele.

Por fim, atraído por seu magnetismo, deparou-se com ela a observá-lo numa notável meiguice.

Levantou-se, precipitado, quase colidindo com ela, que, num gesto significativo, fez com que entendesse que devia permanecer como estava.

Acomodando-se ao seu lado, aparentemente distraída, ela olha os próprios sapatos...

Assim, eles permanecem mudos e quietos. Ela, tentando adivinhar-lhe os pensamentos; ele, se refazendo ainda das suas recentes elucubrações.

Mais alguns minutos, ela se levanta e ele a segue.

Introspectivos, caminham lado a lado.

Conheceram-se há apenas algumas horas, mas seus corações e mentes os remetem a alguma realidade muito antiga, para o momento ainda inexplicável...

Vez por outra, olham-se, emocionados, e sorriem contrafeitos.

De súbito, surge na esquina uma carrocinha repleta de gulodices.

– Vamos? – ela convida.

– Sim – ele concorda.

Adquirem alguns doces e comem avidamente. Ambos estão famintos.

Em situação tão singela e literalmente deliciosa, eles sorriem de tudo e para qualquer coisa.

Voltam a sentar-se no mesmo lugar e, enfim, entabulam uma agradável conversação.

Trocam informações pessoais e também referentes às suas ocupações profissionais, gostos e preferências, além dos seus endereços em Madri e quando se despedem, já sabem um pouco mais um do outro.

Assim, se conheceram e se tornaram amigos inseparáveis, o que os levava a pensar que um sentimento assim tão verdadeiro só poderia vir de muito longe...

Mas tanta felicidade lhes trouxera concomitantemente um receio quase doentio de se perderem um do outro. E, se à Maria do Pilar estes receios fazem sofrer, a Dom, atiram-no num abismo profundo e insuportável. Afinal, a vida sempre lhe arrebatara tudo. Ao pensar que podia por alguma razão muito infeliz perder a sua Maria do Pilar, sentia-se enlouquecer.

Todavia, no mar das suas convivências, as tempestades e as calmarias passam fortalecendo-os cada vez mais.

Muito parecidos e igualmente obstinados em tudo que fazem, são honrados e muito dedicados aos seus compromissos. Por força das circunstâncias profissionais de ambos, amargam temporárias separações para vibrarem de amor e de paixão um nos braços do outro, ao se reencontrarem.

"Como é possível que num planeta pequenino e tão imperfeito quanto este possa existir um amor tão grande quanto o nosso? Quem seria e o que representava no meu destino a outra Castelita, a que eu vira, tão digna quanto misteriosa? De onde ela surgira e para onde fora, depois de ter-me beneficiado e me modificado radicalmente como fez? E mais, o que haveria de fato naquele lugar onde descobri tanta vitalidade e movimento antes, para me atirar depois àquela experiência tão esdrúxula?

"Que estranhas lembranças ainda banham minha alma, quando recordo minha outra personalidade, aquela que me absorveu tão fortemente e de tal modo que, se me fosse possível, eu teria permanecido ali naquele inusitado passado?...

"Ainda que vivenciando desde sempre o mundo dos fenômenos que transcendem em muito a nossa racionalidade, naquele dia, apavorei-me deveras, principalmente ao me surpreender sob ameaças e perseguições. E de fato, naquela ocasião, eu era ali um inusitado e indesejado invasor. Bendito Emos, presença inegável da misericórdia divina na minha vida!

"Como e por que em tão curto espaço de tempo tudo aquilo, antes pleno de vida e de ação vigorosa, se transformou numa deplorável ruína? E quem era eu naquele salão amplo e luxuoso, acomodado naquela velha escrivaninha a expedir ordens e a submeter orgulhoso e egoísta a quantos se curvavam ao meu inquestionável poder?"

A partir daquele dia muito peculiar, Emos se fez presente no meu caminho a aconselhar-me e a proteger-me.

Diante das minhas naturais indagações, um dia ele me esclareceu:

"Fui incumbido de orientá-lo e protegê-lo, mas saiba que sempre será livre para escolher aquilo que deseja, sem esquecer, contudo, que, no uso do seu sagrado livre-arbítrio, outras reações se desenvolverão ao seu redor, premiando-o com os merecidos louros ou corrigindo-o através das contrariedades que o levarão ao amadurecimento. Entre nós existem laços muito antigos que por enquanto devem permanecer ignorados. Seu dever é aperfeiçoar-se moralmente e reafirmo, a fim de que não se esqueça que as suas decepções ou as suas realizações dependerão quase sempre de você mesmo."

Dom respira fundo, fecha os olhos e prossegue:

"Hoje, depois de tantos anos e tantas experiências, já alcancei muitas metas e galguei vários degraus na vida. O que pensariam hoje aqueles que se curvam ao meu poder financeiro e influência social se conhecessem o meu passado de marginalidade e de horror? Deploro e às vezes me divirto com aqueles que se mostram subservientes para usufruir vantagens e alcançar os recursos amoedados que desejam... Pobres infelizes; eles desconhecem o quanto a vida me ensinou. E aqueles que, dizendo-se meus amigos, tentam empurrar-me para caminhos escusos, na intenção da concretização dos seus objetivos espúrios?... Sem que se apercebam, eu nunca perco a chance de lhes dar boas lições."

Dom medita, enquanto se recorda o quanto vem a calhar o antigo dito popular: 'Veio buscar lã e saiu tosquiado'.

"Oh, vida, o quanto você é poderosa, ao nos entregar a liberdade de ação, ainda quando tudo ao redor pareça contraditório!" — continua ele reflexivo.

"Acima da luta de cada dia, em prol da sobrevivência e do progresso, é imprescindível dispensar tempo para as coisas da alma. Há ainda tanto a aprender e tantos enigmas a decifrar."

Dando-se um pequeno intervalo de silêncio interior, ele imagina Emos a sorrir-lhe fraterno.

Envia-lhe pensamentos de carinho e de gratidão. No mesmo instante, sente amorosas vibrações.

D. Hernandez

Caminhando impaciente como um touro bravo, inquieto e agitado como as ondas de um mar em ressaca, D. Hernandez perfaz a extensão da sala em poucos minutos para regressar ao ponto de partida, onde se vê belíssima escrivaninha de mogno brilhante, parte do rico conjunto de móveis do mesmo material, resultado de um admirável trabalho de carpintaria. Sobre ela descansam caixas de charutos vindos de outros países e um grande livro de capa preta, abarrotado de anotações financeiras, às quais apenas ele tem acesso.

Na mão direita, o charuto aceso inunda o ambiente com a fumaça do seu aroma estonteante, enquanto D. Hernandez espalha generosas baforadas ao seu redor.

No seu semblante, a visível volúpia tabagista, que o faz fitar de maneira sarcástica o viciante artefato, pensando nas grandes quantias que despende para angariar sua aquisição.

Despreza visceralmente todos aqueles que não fazem parte da sua realidade rica e proeminente. Há muito ele se mantém no topo das atenções sociais, recebendo logicamente as devidas reverências dos seus coevos. A isso já está acostumado.

Enquanto se deleita no seu vício, remete os seus pensamentos a uma bonita e aprazível casa em Madri, onde reside o seu mais precioso sonho de homem: sua bela e muito desejada Maria do Pilar, que não se cansa de rechaçar suas investidas amorosas. D. Hernandez jamais desistirá de tentar conquistá-la e de tê-la para si, ainda que para tanto venha a cometer os maiores desatinos.

Os anos que já se fazem notar nos seus cabelos brancos parecem não tê-lo favorecido em absolutamente nada, à sua proximidade e convivência, à exposição deplorável e assustadora da sua falta de caráter.

Enquanto ele se deleita, admirando a fumaça que se desfaz em formas indefinidas, os seus pensamentos se fixam na recordação da fascinante figura de Maria do Pilar.

"Ela esposa estranhas ideias a respeito da vida, mas a sua idade responde ainda por tanta ingenuidade... A pobre querida ainda não entendeu que o mundo está dividido entre aqueles que mandam e aqueles que obedecem. Ela precisa aprender que nós os poderosos jamais refocilaremos com os porcos.

"Minha adorável Pilar, o quanto você precisa de

mim! Apenas eu posso orientá-la e conduzi-la com acerto pela vida. E fique ciente de que farei isso com redobrado prazer..."

Muito inquieto, ele pensa e repensa entre as expectativas de tê-la para si e as injunções da vida que podem surpreendê-lo.

"Preciso convencê-la do meu interesse, antes que qualquer outro mais astucioso a leve de mim..."

A este pensamento, ele absorve mais voluptuosamente a fumaça enganosa que penetra os seus pulmões e sobe à sua cabeça, enquanto cria uma falsa sensação de bem-estar, para lhe cobrar duramente nos anos vindouros, como acontece a todos imprudentes que adentram os corredores perigosos dos vícios.

Empolgado, exclama:

– Um dia, minha querida Pilar, colocarei a seus pés tal poder que, reconhecida, você se curvará à minha vontade!

Olha através da janela e admira a bela irradiação de um dia maravilhoso de sol, enquanto sorri prelibando a futura felicidade, que persiste em desejar, embora Maria do Pilar nada tenha feito para alimentar-lhe as pueris esperanças...

Modificando as feições, encena uma expressão piedosa e ao mesmo tempo piegas. Modifica os seus pensamentos por alguns instantes e lamenta:

"Oh, Isabel Elisa! Você nunca me preencheu as lacunas de uma almejada realização íntima, nem me trouxe a tão sonhada felicidade conjugal. Minha família acreditava que você estivesse talhada para fazer de mim o homem mais feliz do mundo. Eu, submetido aos seus inegáveis encantos, desejei-a ardentemente. Afinal, você era tão doce, tão submissa... Quem poderia supor-lhe um futuro tão desastroso?

"Ninguém pode negar que me empenhei, dedicado a transformá-la, na intenção de vê-la colaborar com a nossa realidade, fazendo-me feliz e sendo-o igualmente. Mas você foi nos surpreendendo com desequilíbrios nervosos, tornando desse modo impossível a continuidade das minhas propostas de vida ao seu lado. Foram longos anos de agonia para todos nós."

"Enfim... – ele abre os braços num gesto amplo e artificial de submissão – você foi um sonho que passou assaz decepcionante... Hoje, renovando as minhas intenções de ser feliz, aqui estou, dando tratos à bola, a fim de conquistar minha cara, minha bela Maria do Pilar."

Admirando-se num espelho próximo, vaidoso e arrogante como um pavão, D. Hernandez sorri acertado consigo, mesmo quanto à sua pretensa realização amorosa, realização essa muito duvidosa, pois na sua precipitação insensata, ele insiste em ignorar que a 'sua Pilar' só existe nos seus delírios de homem apaixonado.

Muito contrariado, ele recorda que, quando lhe está próxima, ela revela sem disfarces uma grande rejeição à sua pessoa. Contudo, sorri confiante, certo de que ela modificará o seu modo de ser e de pensar, quando entender que apenas ao seu lado poderá ser feliz.

"Devo ser expedito, não tenho mais vinte anos e o tempo é o meu maior inimigo. Ah, o quanto eu abomino dividir as atenções da minha belíssima com seus admiradores confessos! Mas que me aguardem. Arrastá-los-ei às sombras mais espessas dos piores infernos. Felizmente minha família faz eco às minhas pretensões. Ah, Pilar, se você soubesse o poder que possui sobre mim!"

Em algo este personagem tem razão. Os seus parentes e comensais admiram-no e reverenciam-no às raias da insanidade. Farão o que puderem e muito mais, a fim de vê-lo satisfeito e realizado.

Enquanto a fumaça segue passeando no ambiente, D. Hernandez, apesar de tantos anos nos costados e das lições que a vida já lhe concedeu, parece um menino sem juízo e sem conscientização da realidade que o cerca.

Voluptuoso, nervos superexcitados, ele delira.

"Minha querida musa, você será a minha vitória nas lutas e o meu remanso em momentos de paz; a minha força e a minha almejada felicidade. Ah, se você soubesse o quanto anseio pelos seus carinhos, minha bela! A erupção de um vulcão não conseguiria traduzir o poder e a força que me envolvem e me atormentam, ante esse sentimento avassalador."

Entre esses e outros pensares mais abrasadores, D. Hernandez quase chega às lágrimas.

À distância, Maria do Pilar estremece e se arrepia...

Parece-lhe que estranhos olhos a observam, indesejáveis e mal-intencionados.

Modifica, porém, a anterior impressão e sacode a basta cabeleira castanho-dourado, a fim de que ela seque ao sol e ao vento.

Olhando à distância, pensa saudosa em seu querido Dom.

Desde o primeiro instante em que o viu, sentiu-se presa como um pássaro no visgo.

Recordando os fatos mais marcantes, ela conclui sonhadora que naquele dia o tempo e o destino criaram generosas molduras de pura magia.

Num sorriso beatífico, volta para dentro da casa — um pequeno oásis de beleza e de conforto, montado e mantido com muito zelo por ela mesma.

Antes de sair para o seu trabalho, alimenta-se adequadamente.

Enquanto o faz, recorda o olhar de harpia do seu parente, D. Hernandez:

"Homem estranho, arrogante e tirano, reverenciado por tantos quantos esperam auferir lucros ou vantagens pessoais."

Tem-lhe medo, não pode negar... Na sua abominável presença, sente-se insegura e temerosa, como a ave diante de uma serpente. E as propostas nada veladas que ele sussurra aos seus ouvidos, atrevido e profundamente indelicado, enquanto os seus olhares cúpidos a envolvem?...

"Ah, quantas vezes ele se acerca teatral, encenando uma afeição familiar e afetuosa, a fim de dizer aquilo que deseja, a me segurar pelo braço, sensual e profundamente desagradável! Quantas vezes eu o afasto, flagrantemente incomodada e à frente de todos, sob seu olhar incidindo sobre mim, ameaçando-me mais que mil discursos..."

Quando isto acontece, Pilar sente-se completamente só e indefesa, pois aqueles que o cercam sorriem maliciosos, aprovando em silêncio os atos e a 'ousadia viril' de D. Hernandez.

"Irra! Lamento, sinceramente, aquela que um dia cair nas suas armadilhas de lobo traiçoeiro e voraz!

"Sua ex-mulher, Isabel Elisa, definhou como uma flor arrancada da haste... Todos sabiam da sua desventura conjugal, mas fechavam os olhos, em favor do 'grande senhor' ... Que a vida me livre de tal sorte! Quero ser feliz com o meu querido Dom" – continua Pilar a divagar, lembrando que os dois já se enfrentaram várias vezes em silêncio e cheios de ira, momentos que ela teme por Dom que, embora conhecendo o seu opositor, não o teme absolutamente.

– Fora, ave agourenta! Chou, chou! – ela exclama em alto e bom som, sacudindo as mãos para expulsar a invisível presença.

"Não fosse a minha querida Clara de Assis, que tanto se dedicou àquela casa, hoje em idade avançada, doente e necessitada de afeto, eu jamais poria os meus pés naquela casa."

Assim, Maria do Pilar analisa essa relação familiar, sem ignorar que, submetidos todos à vontade do maior e mais poderoso membro daquele clã, ela já é considerada a futura senhora Hernandez e Hernandez.

Ninguém pode esquecer que D. Hernandez, apesar da idade avançada, ainda é um hábil esgrimista. Na ponta da sua espada, muitos dos seus opositores já deixaram o mundo. Conquanto os duelos sejam criticados e em alguns lugares proibidos, D. Hernandez é pouco afeito à ética e à moral...

À espera...

O NAVIO PERMANECE à distância, enquanto o coração de Dom bate descompassado.

Enfim, sua amada chega, e tão saudosa quanto ele.

— Minha Maria do Pilar, por que se demorou tanto? — na indagação, aquele seu jeito de criança enjeitada e esquecida do mundo.

Ela sorri e lhe responde:

— Ora, meu Dom, demorei-me apenas o tempo necessário e programado.

Abraçado a ela e completamente entregue às próprias emoções, ele se explica:

— Sim, eu sei. Contudo não me exija razão onde o coração já tomou a frente sem reservas. Você sabe como me sinto, quando você se envolve com estes parentes, que me assombram como fantasmas e, diga-se de passagem, difíceis de conjurar.

– Por que tenta me proteger? Sabe que estou acostumada a me defender. Esquece por acaso minha difícil profissão?

– Certamente não, minha querida. Perdoe-me os excessos de zelo, mas como homem e tendo vivenciado o pior lado da vida, conheço armadilhas que você sequer poderia imaginar.

– Ainda assim, não há com que se preocupar. Não nasci ontem, nem vivo num mosteiro. Ah, os homens! Sempre pensando que somos totalmente indefesas. – Ela sorri, mostrando belos dentes e aconchegando-se a ele, atraindo alguns olhares dos transeuntes, com ares de reprimendas moralistas.

Quase num sussurro, Maria declara:

– Estamos perdendo um tempo precioso. Esqueçamos, peço-lhe, ainda que por alguns instantes, o mundo que nos cerca.

Em silêncio, Dom aperta-a mais contra o peito.

Por fim, voltam à realidade que não deixa dúvidas, quanto à exiguidade do tempo que o homem possui para cumprir da melhor forma possível os seus deveres mais comezinhos.

Tomam o veículo que os conduz pelas paisagens sedutoras de Madri, e o fazem rindo e comentando a respeito de tudo aquilo que os surpreendem.

Atraindo-a para si, ele indaga, alma na voz:

– Quando me concederá a ventura de tê-la para mim em definitivo?

– Tem razão, precisamos nos organizar para este evento tão mundano, mas que agrada muito à sociedade. Por mim, nos casaríamos em segredo, afinal isto só diz respeito a nós dois.

– Concordo plenamente.

Alguns minutos mais, Dom segue em direção às suas normais atribuições, enquanto Maria permanece em casa, desfazendo as malas e avaliando a sua recente viagem.

Nos próximos dias retomará a sua realidade profissional, como advogada de causas cíveis.

Atribuições

MARIA DO PILAR reflete quanto ao fato de reter frequentemente em suas mãos laudos e documentos legais sobre a inocência ou culpabilidade de seus clientes. No sagrado exercício de sua profissão, jamais usara de recursos escusos para defendê-los, contando sempre com aqueles que o direito de justiça lhe concede.

O mais, é muito cansaço, caminhadas, suor, noites insones, certezas e incertezas a se misturarem, criando por vezes o caos, onde tudo já parecia resolvido.

Desmascara os seus opositores por meio de provas irrecusáveis e eventuais testemunhas, expondo claramente, frente aos juízes, a verdade nua e crua, determinante e definitiva.

Por sua competência, honestidade e dedicação, angaria muitos inimigos, além de com frequência precisar provar da maneira mais convincente a sua capacidade, atuando tão bem quanto qualquer homem em seu universo profissional.

Alguns opositores são seus inimigos declarados; outros dissimulam habilmente, até o momento do embate jurídico, quando então expõem suas garras afiadas.

De modo geral, enfrenta mais objeções que concordâncias, na evidente comprovação do orgulho, da vaidade e mesmo da agressividade de muitos...

Viaja aos lugares mais inusitados, a fim de elaborar provas concludentes.

Hoje, regressando de uma destas empresas, entrega-se a um invencível sono, aproveitando-se dos embalos do veículo e da guarda consciente e responsável daqueles que cuidam da sua segurança pessoal.

Apesar dos cinco anos já de prática, parece-lhe que apenas ontem iniciou o exercício desta profissão tão grave quanto sagrada.

Às voltas com essa vocação desde muito cedo, pressentiu que esse seria o seu destino.

"Estarei, por mercê de Deus, corrigindo erros do passado? Dom acredita nas múltiplas existências, que nos permitem retornos sucessivos à vida na carne... Embora eu não tenha conhecimentos nesse patamar, acho muito lógico corrigir-se através de novas oportunidades, concedidas todas para o desenvolvimento de uma consciência mais elevada."

Algumas horas depois, olhando através da janela do

veículo, ela distingue muito satisfeita as estradas mais próximas à sua querida Madri. Num curto espaço de tempo, estará de novo em casa.

Saudosa e apaixonada, pensa em Dom... Sente muitas saudades, anseia por revê-lo. Ele, por sua vez, além do grande amor que lhe devota, admira-a reverente. Por ela, enfrentará céus e Terra se preciso for.

Brevemente, unirão as suas vidas para sempre. Dom já adquiriu uma bela casa de campo. O lugar é muito aprazível e ali pretendem residir.

O passado determina o presente

Quando a vida começou a lhe sorrir, oferecendo-lhe maiores recursos, Dom não esqueceu aqueles que, assim como lhe acontecera, são abandonados e perambulam pelas ruas, sem abrigo, sem alimento, sem amor e sem orientação.

Por essas carências e desesperos inauditos, vivenciados de maneira cruel, muitos vão perdendo a sensibilidade e, consequentemente, a condição de discernimento entre o bem e o mal.

Acuados pela vida e condicionados a tudo aquilo que existe de pior, esses desafortunados passam a temer e a odiar o seu próximo mais próximo. E, em contrapartida, os seus comportamentos despertam nos seus semelhantes as mesmas rejeições.

Por vezes, esses infelizes caem em promessas, que se revelam depois em engodos e intencionais armadilhas, levadas a efeito por mentes perversas.

Dessas e de outras maneiras tenebrosas, eles são explorados desde cedo, muitos completamente indefesos. Por tudo isso, Dom tem criado e mantido regularmente projetos voltados à defesa e à proteção da infância desvalida e do jovem marginalizado, a fim de resgatá-los para uma vida digna e profícua.

Ele sabe por experiência própria que, trabalhando nesta iniciativa, exercitando o respeito e o amor fraterno à criatura, no cumprimento justo e legítimo dos direitos humanos, se redime e se promovem paulatina e verdadeiramente não apenas aqueles que ora se encontram perdidos em si mesmos, mas também a sociedade como um todo.

A grande recompensa de Dom é o sorriso feliz daquele que consegue resgatar, surpreendendo-lhe incontestáveis melhoras íntimas no evidente resgate da sua autoestima.

Certa vez, mergulhado nas suas habituais reflexões, ouvira de Emos:

– Dom, estes que você ama e que de alguma forma neles se revê, consciente hoje de tudo aquilo que já foi, são Espíritos antigos e altamente comprometidos com as leis divinas. Felizes daqueles que aproveitam bem o auxílio, quando lhes é oferecido. A esse mundo e a essa humanidade, credores e ao mesmo tempo devedores uns dos outros, cabe a parcela grandiosa e inadiável da redenção moral do planeta.

Naquele momento, Dom retrucara afável:

– Contudo, meu caríssimo Emos, se a humanidade já tivesse despertado para a sua própria realidade, para os seus direitos e deveres, já poderíamos surpreender menos seres tão sofridos e tão trágicos a perambularem desorientados sobre a face do planeta. E não apenas crianças e jovens, mas também criaturas de todas as idades, mergulhadas em situações tão esdrúxulas que desafiam as inteligências mais brilhantes e os corações mais sensíveis.

– Sim, meu amigo. A caridade bem exercitada é o futuro deste mundo que, por enquanto, ainda se debate invigilante entre o bem e o mal.

O coração de Dom sentiu-se grato à Providência divina, que não esquece jamais os homens. A criatura é que parece estar esquecida do seu Criador.

Como tudo aconteceu

Gabriel Aún Cortez, membro importante das leis do Estado, se espreguiça muito incomodado com a dissertação competente de Maria do Pilar, que defende fidedigna e entusiasta o seu cliente que fora apanhado em 'flagrante delito', ou seja, se defendendo do seu patrão que o trata pior que as suas alimárias, enquanto paga-lhe apenas algumas moedas, que mal lhe permitem comer o pão amargo da miséria, miséria que há muito já se instalou em sua casa.

Eis como tudo se deu.

Regressando de uma viagem distante a serviço de seu patrão, o doutor Gabriel Aún Cortez, Juan montava um cavalo incapaz de suportar qualquer esforço maior.

Enfim, antes de completar o percurso, o animal caíra exangue sobre a terra.

Seu patrão, tomado de ira, investira contra Juan, chicote na mão, e passou a feri-lo cruel e violentamente.

Rilhando os dentes de dor, Juan suportou o quanto pôde, até que lhe arrancando da mão o chicote, fez com que se desequilibrasse, vindo ele a cair desastrado dentro de uma poça de lama.

Enquanto isso, ajoelhado ao chão e acicatado pelas dores, Juan concluía sabiamente que além de perder o seu único meio de sobrevivência, perderia também a sua liberdade e quiçá a própria vida...

Como ficariam os seus filhos? Um deles ainda ao peito da mãe? Seu coração atormentado precipitou-o num doloroso caos.

Gabriel Aún Cortez, possesso e todo sujo de lama, levantou-se a clamar por seus capatazes, enquanto ordenava peremptório a prisão imediata de Juan, não antes, porém, de esbofeteá-lo à exaustão e em meio a palavras ofensivas.

Soledad, mulher de Juan, na sua infeliz condição de paupérrima, nada poderia esperar da lei dos homens.

Por isso, chegou até Maria do Pilar, conduzida por uma das suas vizinhas, a fim de rogar-lhe em completo desespero o socorro e o auxílio de que precisava.

Não poderia lhe pagar, avisou. Não naquele dia, nem naquela hora... Dissera isso entre lágrimas copiosas, enquanto carregava nos braços o seu bebê de apenas quatro meses.

Prometera, contudo, que trabalharia muito mais, a

fim de honrar a sua dívida para com a senhora, doutora Maria do Pilar Dias Navarro.

Esta, ouvindo-lhe as súplicas e já habituada a situações semelhantes, acalmou-a e assumiu a sua causa gratuitamente. Sabia que ali, além do trabalho que lhe dizia respeito, o dever cristão se impunha – defender e proteger a família inteira.

Providenciando-lhe antes de tudo alguma ajuda financeira, prometeu-lhe e cumpriu, como era de seu feitio, a defesa do seu marido.

À Maria do Pilar gratifica enormemente desafiar a crueldade de homens que dividem o mundo em dois: um, no qual eles desfilam vaidosos, e outro, apequenado e sem importância, predeterminado àqueles aos quais eles desprezam tão somente por serem pobres. A ralé, como dizem, que nada de bom pode oferecer, nem merecer.

Nas suas percepções egoístas e pretensiosas, defendem o determinismo da vida, que já teria apontado desde o nascimento os lugares destes ou daqueles.

O mais, dizem entre sorrisos de mofa, decorrerá tão somente da ingenuidade e da falta de preparo dos derrotados do mundo...

O acidente

— Pobre e infeliz mulher...

— Estará morta?

— Chamem alguém para socorrê-la e sejam expeditos...

— Pobrezinha. Tão bonita...

Num alarido intenso, as vozes se misturam e se confundem.

Enquanto isso, a vítima inerte e caída numa poça de água, resultado de copiosa chuva, respira com muita dificuldade...

Um veículo de luxo que por ali passava estaciona presto, ao se deparar com o acidente. Seu condutor desce e se debruça sobre ela, constatando que ainda vive. Sem vacilar, ele requisita auxílio e acomoda-a com extremo cuidado no seu veículo. Em seguida, parte veloz a caminho do hospital.

– Quem seria aquele homem? – indagam-se aqueles que ali permanecem inativos a observar e comentar o ocorrido.

Uma vez no hospital, o homem se identifica, narra a ocorrência, dispõe-se a pagar as primeiras despesas, e em seguida segue o seu destino. Sua pressa era visível. Segundo ele, não poderia sequer ter parado.

Assim, ele imprime mais velocidade ao veículo, enquanto um forte vinco na testa revela uma atividade mental intensa.

Dom não consegue encontrar a sua amada Pilar. Sua aflição é tão intensa que até o corpo lhe dói. Pretende ir à casa de D. Hernandez. Sendo ele parente de Pilar, talvez tenha alguma informação.

Não confia nele absolutamente e nem poderia, mas é preciso esgotar todas as possibilidades.

Recorda os últimos diálogos com Pilar, sem encontrar ponto algum de referência que lhe possa valer.

Conclui muito temeroso:

"Pilar exerce uma atividade que engloba quase sempre perigos e ameaças. Os seus contraditores por vezes declaram-se seus inimigos mortais... Tem ainda as viagens que ela faz, que quase sempre deixam meu coração em tormentos. Já indaguei aos seus vizinhos, fui ao fórum, às casas dos seus amigos e nada... Esta situação é enlouquecedora."

Esgotadas todas as possibilidades, restar-lhe-á percorrer então os hospitais. Esta conclusão o faz sofrer...

As armações

NO MESMO DIA do acidente, D. Hernandez chega a Madri.

Aproveitará para visitar escritórios e pessoas, responsáveis por grande parte das suas atividades financeiras na cidade.

Bem-disposto, ele respira a haustos, enquanto desce do seu luxuoso veículo conduzido por motorista.

Após o cumprimento da sua agenda, irá (ora, se não...) visitar Maria do Pilar.

Anseia por isso e anseia de tal modo que, antes de iniciar a pauta do dia, decide revê-la. Faz meia-volta e regressa ao veículo. Ao passar por uma das avenidas próximas à sua residência, ele se depara com uma aglomeração de pessoas num notável burburinho...

Desce do veículo, aproxima-se e ouve alguns comentários:

– Pobre moça. Terá sobrevivido?

Embora a sua dureza, o coração de D. Hernandez dera um salto.

"Este é um dos prováveis caminhos na rotina de Maria do Pilar... Será?..."

Chega mais perto, faz algumas indagações, e a cada nova resposta ou tentativa de explicação, ele se aflige muito mais:

– Como? Quem era ela?

– Eu não sei ...Quando me aproximei ela já estava estendida no chão.

– Ela morreu?

– Sei lá... Ao ser levada, ela ainda respirava. Isso eu pude ver muito bem...

– Para onde a levaram?

– Sabemos tanto quanto o senhor...

– Como era ela?

– Bem, deixe-me ver... Morena, jovem, muito bonita, cabelos castanho-dourado e longos, estatura mediana... Ah, e estava muito bem vestida, muito elegante.

– Estávamos uma ao lado da outra à espera de uma oportunidade para atravessarmos em segurança – declara uma senhora, enquanto outra, muito nervosa, comenta extremamente revoltada:

– Tanta gente atravessava a rua àquela hora... E apenas ela foi colhida por aquele veículo que deve ter saído do inferno?... – esfregando as mãos trêmulas uma contra a outra, ela fala consigo mesma.

– Oh, céus! Que gênio do mal conduzia aquele carro? Ah, os perigos que nos ameaçam hoje em dia nestas avenidas de Madri...

Em seguida, ignorando aqueles que a cercam e aquele que ali parece muito mais interessado que todos os outros, ela se vai a passos lentos falando sozinha e gesticulando muito:

– Arre! Até parece coisa encomendada – diz, persignando-se.

(Ah, que isso D. Hernandez ouvira muito bem...)

Em seguida, ela apressa o passo, olhando aterrorizada ao redor.

Num evidente desequilíbrio, ela respira com muita dificuldade... E, enquanto se distancia, os seus cabelos brancos e ralos esvoaçam ao vento.

Muitos outros, esquecidos da própria vida, ficam ali numa curiosidade mórbida a trocar impressões, razoáveis umas, estapafúrdias outras, além de inúteis para quem quer que seja...

Na cabeça de D. Hernandez, uma quase certeza:

"Eles falam sem saber de Maria do Pilar... Oh, espero que não..."

Decide procurá-la. Volta ao veículo e apressa o motorista.

Chegando ao endereço visado, bate à porta inutilmente. A casa está vazia e trancada. Saindo dali, dirige-se a outros endereços, mas em cada um deles a perplexidade diante das suas indagações.

A razão aconselha e ele decide procurá-la nos hospitais.

Após horas estafantes na sua busca, ele chega a um

grande hospital, um pouco distanciado do centro de Madri, já na periferia da grande cidade. Era uma instituição hospitalar que contava coincidentemente com a sua ajuda filantrópica e a sua autoridade pessoal, o que que lhe abria muitas portas, frente à sua proeminência amplamente reconhecida.

Adentra o hospital e percorre avidamente suas instalações, vistoriando quartos, salas e enfermarias, dirigindo-se aos enfermeiros e funcionários, impondo-se na sua habitual arrogância.

Nervos superexcitados, suor abundante a lhe escorrer do rosto, ele procura por uma mulher acidentada e que possivelmente pode estar ali.

Explica-se quanto ao atropelamento ocorrido numa movimentada avenida madrilena e que provavelmente poderá conhecer a vítima.

Tendo acesso às informações mais recentes, reconhece numa delas a possibilidade de tê-la encontrado e, fazendo-se acompanhar, ele segue em direção à referida acidentada.

Ansioso e apressado, faz o enfermeiro correr para acompanhá-lo. Por fim, confirmando as suas suspeitas, depara-se com Maria do Pilar, envolta em alvos lençóis, e tão abatida que mais lhe parece uma estátua de cera ou uma escultura feita em mármore muito branco.

Ante aquele quadro inusitado, apesar de sua natural e proclamada insensibilidade, emite um grito abafado.

O médico, que já o conhece, por sua importância política e pessoal, notadamente ali, acerca-se, dirigindo-lhe um olhar de interrogação.

Ignorando-o, intencionalmente, D. Hernandez se precipita para ela a exclamar numa visível ansiedade:

– Pilar, Pilar... O que faz aqui, o que houve com você?...

Pilar sequer tem condições de lhe registrar a presença.

O médico, vigilante, aconselha:

– Acalme-se, D. Hernandez. Há algumas horas ela foi recolhida na rua. Nós a socorremos e ela já foi devidamente atendida, dentro das possibilidades do momento. Contudo, as próximas horas serão decisivas; portanto acalme-se e não a incomode. Peço-lhe.

Enxugando o suor, D. Hernandez insiste:

– Posso ao menos saber como ela chegou aqui? – indaga-lhe numa arrogância gritante.

– Certamente. Um senhor de ótima aparência a trouxe no seu veículo, condoído por surpreendê-la caída ao chão e muito ferida. Passava ele por ali, desceu do carro e, constatando que ainda respirava, apressou-se em trazê-la, uma vez que, dentre os que estavam em torno da vítima, ninguém se prontificou a socorrê-la. Compreendeu que naquela situação o tempo seria determinante para a vida ou a morte.

Não podendo aguardar o desenrolar do caso na urgência, uma vez que se dirigia presto à Sevilha, adiantou-nos uma boa soma para as primeiras despesas hospitalares, despediu-se e se foi, augurando-lhe saúde e rápida recuperação.

Ignorando-lhe a falta de respeito, o doutor indaga-lhe:

– O senhor por acaso a conhece?

— Sim. É Maria do Pilar, minha parenta por afinidade, e além de tudo é minha noiva — mentiu em parte.

Admirando a figura de Pilar, ele se esquece por momentos de tudo o mais.

Voltando-se para o médico, avisa:

— Não se preocupe com os gastos. Arcarei com tudo até o último tostão.

Passa, então, a beijar freneticamente as mãos de Pilar e o seu rosto desfeito.

Contrafeito, contudo, com a estranheza do médico, ele exclama bastante incomodado:

— Compreenda o meu sofrer e a minha dor. Os laços que nos unem justificam a minha aflição.

Mas ao doutor, tudo que ele diz é e será sempre muito suspeito, pois conhece bem a raposa que tem diante de si, e já lamenta por aquela bela mulher, que no momento não possui recursos de defesa.

Incansável, porém, D. Hernandez avisa, quase numa ameaça:

— Cuide muito bem dela e não terá do que se arrepender, doutor.

Conhecendo-lhe a natural arbitrariedade, o médico firmemente se posiciona:

— Como já sabe, senhor D. Hernandez, eu não me dedico tão somente a um paciente, seja ele quem for, nem me curvo às ordens de quem quer que seja. Qualquer um que a vida coloca em minhas mãos e sob a minha responsabilidade encontra o tratamento de que precisa, não apenas profissional, mas sobretudo humano.

Na entonação das suas palavras e em suas expressões,

não paira nenhuma dúvida quanto à aceitação do desafio sutilmente lançado.

D. Hernandez, que já o conhece há muito, pigarreia, olha ao redor e decide deixar para outra ocasião a 'lição' que pretende dar ao seu irreverente inimigo, enquanto encena um falso assentimento:

– Ora, ora, doutor. Ponha os meus excessos de zelo na conta do meu desespero.

Ignorando-lhe as falas, o doutor avisa:

– As visitas por enquanto estão proibidas e a do senhor por agora já está terminada. Por favor... – declara, indicando-lhe com um gesto a saída.

Conquanto extremamente revoltado, D. Hernandez se controla e, aparentando-se mais calmo, informa:

– Estarei por perto e, assim que precise, pode me chamar. Não me ausentarei da cidade até vê-la bem. Eis aqui o meu endereço em Madri – ele retira de um dos bolsos um cartão e o entrega ao médico.

Em seguida, aproxima-se mais de Pilar, na intenção de despedir-se mais à vontade. O médico, entretanto, cioso da sua responsabilidade, não se afasta do seu posto.

Sem alternativa, D. Hernandez se dirige à saída, sempre acompanhado pelo médico.

Mais alguns minutos, ele entra em seu veículo, a ruminar odiento uma imensa revolta contra o doutor e, planejando os próximos passos que dará em direção a Maria do Pilar.

Ao rodar dos pneus do veículo e aos ruídos que fazem no calçamento e na terra batida, somam-se os negros pensamentos de D. Hernandez.

Decidiu aproveitar a oportunidade que o acaso está lhe concedendo para arrebatá-la de vez para a sua vida.

Por fim, exausto, ele relaxa. Entrega-se aos seus delírios amorosos e nestes Pilar reina absoluta...

O bom doutor

O DOUTOR REGINALDO Flores concorre rotineiramente para uma sólida e saudável convivência com Deus, com o mundo e com aqueles que o rodeiam.

Digno discípulo de Esculápio, ele sublima sua profissão abnegadamente.

Naturalmente, enfrenta revezes todos os dias. Alguns dilaceram as mais delicadas fibras do seu bom coração, mas acima de tudo seguirá sempre o curso do rio da sua vida com coragem e com verdade.

"O pretenso noivo de minha paciente, nosso velho conhecido D. Esteban Hernandez e Hernandez, parece disposto a criar-me toda a sorte de embaraços... No seu olhar, chispas de ódio e muitas ameaças. Infeliz daquele que lhe atravessa o sinuoso e sombrio caminho e tem coragem suficiente para lhe desafiar o poder e a arrogância proverbiais... Ele está encantado, não resta dúvida, com esta moça... Pobrezinha..."

Maria do Pilar, febre alta, agitando-se, fala em meio a delírios, quando o doutor Reginaldo chega para mais um dia de trabalho. Em sua visita diária, ele examina os enfermos um a um, prescrevendo-lhes a continuidade dos tratamentos ou alterando-os ante a necessidade.

Examina igualmente Maria do Pilar. A equipe de enfermagem já cumprira o seu dever, fazendo aquilo que lhe cabe.

Condoído, o doutor observa-lhe a fraqueza e a sua perigosa situação física e emocional.

Apesar do notável abatimento, a beleza de Pilar se impõe, encantando a todos.

Compreendendo as razões dos arroubos e da paixão de D. Hernandez, doutor Reginaldo fica a imaginar os riscos aos quais ela está exposta, notadamente num mundo onde ainda prima o poder da vontade masculina.

"Quantas mulheres sofrem por despertarem sentimentos, aos quais não querem ou não podem corresponder. Dura prova essa..." — assim pensando ele encerra as primeiras visitas do dia.

Outro noivo

D. Hernandez, muito inquieto, mal dormiu à noite e se levantou pela madrugada. Engendrando planos, ele aposta insano na possibilidade de escondê-la definitivamente dos olhos do mundo.

O 'incompetente e incansável' doutor, porém, assim como sua equipe, cordata e harmonizada nos mesmos procedimentos, criam-lhe toda forma de empecilhos mantendo-o a regular distância.

Apesar de tudo, reconhece que os tratamentos têm surtido efeito. As melhoras de Maria do Pilar se tornam cada vez mais evidentes, embora ela ainda revele um intenso abatimento físico e se debata em meio a febres. Contudo, frente ao estado em que ali chegou, os prognósticos parecem promissores.

Em sua residência, muito atormentado, rilha os dentes numa grande revolta, ao recordar a 'ousadia' de Dom, apresentando-se a todos como noivo de Maria do Pilar.

Batendo forte numa mesa que lhe está próxima, ele exclama possesso:

– Absurdo dos absurdos... Insano... Você ainda se verá comigo.

Acalma-se em parte e reflete:

"A clara aprovação dela, contudo, que não lhe regateia elogios nem desmente uma única palavra que saía daquela boca maldita, revira-me o estômago e me dá ganas de tirá-lo do meu caminho o mais breve possível."

Neste e noutros pensares de igual teor, ele gargalha estertórico, prelibando a realização dos planos, que já se delineiam no seu cérebro doentio.

"Enfrente-me, seu tolo. De nada lhe adiantará."

Assim ele intensifica cada vez mais uma gargalhada que chega a tirar-lhe o fôlego.

Acalma-se, afaga os fartos bigodes, olha ao redor, confere a própria elegância muito refinada e conclui:

"Devo apressar-me. De uma hora para outra ele poderá ter-lhe acesso. Mais cedo ou mais tarde, naturalmente, isso se dará... Ora, ora, onde e como a minha adorável Pilar foi arranjar alguém assim como ele? Ah, as mulheres... Tão belas, tão atraentes, mas tão tolinhas..."

Nesta 'sábia' conclusão, ele encerra os cuidados com a própria aparência, o que lhe exige horas estafantes. Afinal, os anos correm e o tempo, inexorável, já se impõe...

Sai e perfaz os caminhos que o levam ao hospital.

Ali chegando, irrompe intempestivo rumo à enfermaria, na qual Pilar se encontra.

Divisando-a, adentra o ambiente e acerca-se dela pressuroso.

Ela respira com muita dificuldade. Ardendo em febres, clama por Dom.

D. Hernandez toma-lhe as mãos, beijando-as. Estende os seus carinhos e beija-a no rosto, nos cabelos, nos olhos...

Antes que ele prossiga nos seus rompantes afetivos, porém, uma antiga e competente enfermeira se acerca providencial e faz um gesto de repulsa, censurando-o.

Contrariado e constrangido, ele se retrai, enquanto lhe dirige um olhar cheio de ódio.

Bufa como um touro bravo e, sem soltar as mãos da moça, exclama impositivo:

— Sou o noivo dela. — E numa expressão de desprezo, quer saber:

— E você, quem é?

Ignorando-lhe o evidente desrespeito, Senhorinha, a enfermeira, toma as mãos de Pilar, acomoda-as da melhor maneira, examina-a e faz as anotações de praxe.

Pilar geme e se agita. Nos lábios, o nome amado:

— Dom. Dom...

Precipitando-se, D. Hernandez declara em altos brados:

— Ouviu? É a mim que ela chama. Ele sabe que não, mas aproveita a oportunidade para impressionar:

— Acalme-se, meu amor. Eu estou aqui.

Inclinado sobre ela e afagando-lhe a farta cabeleira, sussurra:

— Não se preocupe. Vou tirá-la deste lugar o mais breve possível. Eu prometo.

O doutor Reginaldo adentra a enfermaria medindo-o com um severo olhar e recolhe as anotações dependuradas ao pé do leito.

D. Hernandez ensaia o seu discurso, mas o médico levanta os olhos dos papéis, que informam a real situação de saúde de Pilar, e ordena-lhe:

— Saia daqui, por favor. Sua presença nos constrange e atrapalha. O senhor não pode entrar aqui quando quer. Temos horários que precisam ser respeitados, para benefício dos próprios doentes.

— Não por mim. O senhor não ignora a minha posição neste hospital, pois não?

— Não. Certamente ninguém pode ignorar aquilo que o senhor apregoa em todas as esquinas de Madri, mas quanto aos meus pacientes, quem dita as ordens aqui sou eu.

Extremamente revoltado, D. Hernandez se aproxima e o inquire mais de perto:

— Com que direito se dirige a mim desta maneira?

— Com aquele que me assiste — o doutor lhe responde sem alteração.

D. Hernandez respira ruidoso e indaga:

— Pode ao menos me informar os seus próximos procedimentos médicos?...

— Não, não posso. Preciso de tempo e de condições adequadas, como por exemplo: silêncio, respeito e privacidade, a fim de aquilatar a verdadeira situação da minha paciente.

Conquanto D. Hernandez ensaie outras objeções em direção ao médico, este já se afastou, não antes de fazer-se entender por sua equipe para que D. Hernandez seja conduzido rapidamente para fora.

Assim, em pouquíssimos minutos, D. Hernandez já está nas ruas a ruminar, impotente, a sua raiva.

Se nunca apreciou este médico, agora trama o seu afastamento. Não tem o hábito de se dobrar a quem quer que seja.

— O senhor doutor receberá em breve os louros que merece por sua brilhante atuação.

Falando e gesticulando sozinho, ele escandaliza aqueles que se deparam com a sua figura luxuosa e excêntrica nos corredores.

Alguns metros adiante, embarca no veículo que o reconduzirá à sua moradia ali em Madri.

Chegando, requisita em altos brados a atenção e a subserviência de todos, enquanto sorri sombrio e sarcástico, surpreendendo-os a se atrapalharem amedrontados para atendê-lo devidamente.

Dando murros violentos em tudo que vai encontrando pelo caminho, por vezes chega a acertá-los em cheio e estes, enquanto se reequilibram e superam as suas dores, pedem-lhe humildes e sonoras desculpas.

Após as suas explosões, e 'refeito' em parte, D. Hernandez senta-se em sua confortável *chaise-longue* e se delicia com os seus charutos preferidos.

Enquanto a fumaça se espalha no ambiente, ele sorri, enlevado, a sonhar de olhos abertos com Pilar.

As horas se escoam e ele sequer se dá conta. Cochila algumas vezes e desperta para retomar os sonhos loucos, que agora lhe parecem mais factíveis.

D. Hernandez só joga para ganhar... Este homem, embora apregoe o seu pretenso amor, não se sensibiliza diante dos sofrimentos de Pilar, nem tem escrúpulos quanto a aumentá-los na sua insânia.

Enquanto isso, o bom doutor Reginaldo, cansado e banhado em suores, cumpre o seu dever, lutando contra a morte, que ronda sinistra a sua paciente Maria do Pilar...

Por fim, depois de horas estafantes junto à equipe de competentes enfermeiros e sob o poder divino, ele vê sua paciente respirando melhor, tendo a febre abrandada e com sinais inequívocos de melhoras.

Observando-a, percuciente, ele analisa os fatos que a envolveram no sinistro:

"Como ela foi se descuidar tanto, a ponto de atravessar na frente daquele veículo, ainda mais naquela avenida tão larga e perigosa? E por que a minha intuição rejeita tal hipótese, embora não a conheça o suficiente? Oh, e tem mais: o que lhe estará reservado ainda, caso ela seja mesmo noiva daquele senhor de triste fama e presença tão inquietante? Pobrezinha, pressinto graves perigos ao seu redor..."

Ainda imbuído nos mesmos pensamentos, ele ouve Senhorinha:

— Doutor, temos aqui no salão de recepções um simpático visitante que deseja vê-lo.

– Peça-lhe que me aguarde, por favor.

– Sim, senhor.

No referido salão, Dom esfrega nervoso as mãos, enquanto dirige preces aos poderes celestiais, rogando por sua amada Pilar...

Senta-se e levanta-se inquieto, completamente incapaz de controlar-se tal a sua ansiedade.

Chapéu nas mãos, o qual ele amarfanha, aflito, rosto pálido como cera, fixa os olhos ora numa porta, ora noutra, na esperança de ver o médico surgir.

Há dois dias peregrina pelos hospitais da cidade, mergulhado em sofrimentos indizíveis e temendo o pior.

Tentou falar com D. Hernandez e foi informado de que ele se encontra distante e sem previsão de regresso. Imaginava desde antes as dificuldades que esta intenção lhe traria, mas ainda assim foi procurá-lo.

Sua alma é um caos.

"Onde está você, amor da minha vida? Não posso perdê-la. Que Deus não permita..."

Ainda enxugando as mãos e o suor do rosto, o bom doutor o surpreende a caminhar em evidente aflição.

Ali, diante dele, um homem sofrido e abatido tal qual uma árvore sob a tempestade mais inclemente.

– Deseja falar-me? – adianta-se, assustando-o involuntariamente.

Naquele momento, Dom vigiava outra porta.

– Sim, sim. Chamo-me Dom Carlos Lupe de Medrado e estou à procura de minha noiva, Maria do Pilar Dias Navarro.

"Outro noivo?... Ah, este deve ser o Dom que ela chama nos seus delírios..." – o doutor conclui sabiamente.

– Acalme-se. Sim, tenho uma paciente que responde por este nome. Venha comigo e poderemos confirmar se ela é ou não aquela a quem procura.

Dom cambaleia, as suas pernas parecem feitas de areia fina, que se desfaz ao vento... Difícil sustentar-se sobre elas... Extremamente pálido, vacila e numa emoção incontrolável pensa:

"Será mesmo a minha adorada Pilar? E como, meu Senhor, ela estará?..."

O doutor o ampara e aos poucos ele se refaz.

– Sim, sim. Vamos, doutor. Tenho peregrinado exaustivamente por vários hospitais. O meu desespero está me levando à loucura. Não consigo comer, nem dormir.

– Acalme-se, peço-lhe. E vamos finalmente ao reconhecimento da minha paciente.

– Sim, senhor.

Aqueles corredores tornaram-se longos demais para a ansiedade de Dom. Desejou correr como uma criança, a fim de se antecipar ao médico.

Enfim chegam à enfermaria, na qual Pilar se encontra.

Muito pálida e coberta de alvos lençóis, ela parece uma sublime miragem aos olhos de Dom, que estanca, incapaz de dar mais um passo sequer...

Coração disparado, têmporas latejando, ele sua frio e mal consegue raciocinar, ante aquele leito, no qual distingue a presença da sua maior razão de viver.

Respira fundo e busca forças dentro de si mesmo, enquanto se precipita para ela.

Ao lado do leito para reverente em patente adoração...

Toca-lhe os cabelos e balbucia docemente:

— Minha Pilar. O que houve com você, meu amor? Quanta saudade e incertezas tenho vivido!

Olhando para o Alto, ele suplica fervoroso:

— Deus... Emos, meu amigo espiritual, socorram a minha Pilar e tragam-na de volta. Preciso dela como do ar que respiro, da luz do sol que me ilumina, da chuva que nos traz a água preciosa do alimento, que me mantém as energias e a saúde... Sem ela não conseguirei viver. Se me trouxestes este amor, conservai-o na minha vida.

Ao doutor Reginaldo, uma grata surpresa: o amor, embora terreno, pode-se elevar às alturas...

Silencioso, respeita-lhe as expansões de carinho e de amor.

E eis que para sua surpresa, Pilar balbucia algumas palavras incoerentes a princípio. Abre os olhos e observa lentamente ao redor sem entender-se.

Deparando-se com a presença de Dom, exclama:

— Dom... Meu querido Dom.

Analisando o ambiente no qual se encontra, ela indaga muito aflita:

— Dom... Eu... você... Onde estamos?... Isto é um hospital? Por que estamos aqui? O que houve?...

Dom não consegue articular palavra.

Afaga-a docemente, enquanto suas lágrimas caem sobre ela.

Tomando-lhe as mãos e apertando-as, amoroso responde-lhe:

— Calma, minha vida. Eu igualmente ignoro. Há dois dias, procuro por você e apenas hoje, mais precisamente agora, consegui encontrá-la.

– Aturdida, Pilar se agita...

– Acalme-se, senhorita Pilar. Sou o seu médico, doutor Reginaldo Flores. A sua fraqueza aumentará, caso continue falando e desejando respostas que, por enquanto, não possuímos. Confie e relaxe. Isto não é um pedido, mas uma ordem médica. Quanto ao seu noivo, ele vai se afastar por enquanto, mas retornará assim que puder.

Pilar obedece, sua cabeça gira, supõe-se em sonhos... Seu querido Dom está ali ao seu lado... Fita Dom sem distinguir-lhe muito bem as feições e ingere automaticamente os remédios que lhes são oferecidos.

Em poucos instantes, ela adormece profundamente.

Beijando-a no rosto, Dom se afasta com o médico. Precisam conversar...

Plenamente convencido da real situação de Dom com respeito à Maria do Pilar, o doutor Reginaldo decide informá-lo dos fatos mais recentes e das intenções de D. Hernandez.

Atento e tocado até as últimas fibras do seu coração, Dom ouve, não conseguindo por vezes impedir as lágrimas. Imaginá-la em situações tão dramáticas o faz sofrer...

O bom doutor lhe narra as visitas impositivas e arbitrárias de D. Hernandez e as suas ameaças de tirá-la dali, alegando para tanto o 'seu direito filial'.

Dom empalidece e as suas mãos se crispam. Precisa agir o mais rapidamente possível. D. Hernandez não respeita nada nem ninguém. Impõe a sua vontade acima de qualquer outra, usando para isso meios nada convencionais...

Prudente, requisita:

— Por favor, o senhor pode me orientar sobre o que fazer, a fim de oficializar a minha responsabilidade pessoal e legal junto à minha noiva, Maria do Pilar Dias Navarro?

— Sim, posso. Mas conte com grandes dificuldades. O referido senhor já deve ter traçado seus planos. E, não duvide, os simpatizantes de sua causa já podem estar sacramentando a sua pretensa autoridade sobre ela. O poder pessoal e financeiro que ele carrega abre portas, cala bocas e entenebrece consciências.

— Sim, o senhor está certo. Conhecemos a pessoa em questão. Portanto, devo apressar-me...

O doutor é chamado para alguma providência. Antes de sair, pede à enfermeira que conduza Dom à direção administrativa do hospital.

Despede-se dele, dirigindo-lhe palavras de conforto e de confiança, e compromete-se a fazer tudo que lhe for possível para auxiliá-lo.

Dom se dirige ao referido gabinete e ali define a sua posição, faz as declarações de praxe e assina documentos referentes à sua responsabilidade junto à Maria do Pilar.

Em seguida, vai até ela, que no momento dorme sob o efeito dos medicamentos.

Beija-a na testa, acaricia-lhe o rosto e os cabelos espalhados sobre o travesseiro, deita a cabeça sobre o seu peito e ouve o seu coração, conversa baixinho com ela, reverente e completamente submetido ao seu amor.

Senhorinha, à distância, sorri e suspira:

"Ah, o amor! Quantas vezes ele atravessou o meu caminho? Tantas e de formas tão surpreendentes. O quanto agradeço do fundo de minha alma àqueles que abriram os seus corações para o meu e me trouxeram alegrias ou tristezas, novas descobertas e experiências de vida, caminhos inegáveis de emoção, de aprendizado e de progresso emocional..."

Sonhadora e respeitosa àquele amor ali tão presente e tão bonito, ela se vai, suspirando pelos corredores. Algumas lágrimas indiscretas escorrem sobre seu rosto repleto das marcas, que o tempo foi imprimindo, numa confirmação inegável do seu poder.

O amor e a responsabilidade, acima de tudo, conduziram sempre as decisões e as ações de Senhorinha ao longo dos seus sessenta anos muito bem vividos.

Enquanto isso, Dom se despede silencioso e apiedado de sua Pilar.

Já nas ruas, ele imprime velocidade às pernas. Há que ter urgência naquilo que pretende.

Teme que de uma hora para outra nem ele nem o bom doutor tenham condições de impedir as arbitrariedades de D. Hernandez.

Entra em seu veículo e segue por ruas, praças e aglomerações... Tudo passa vertiginosamente.

Visitando apressado e ansioso escritórios e endereços amplamente conhecidos na cidade, consegue resolver a contento algumas providências legais.

Depois de horas exaustivas e já no final da tarde, ainda na dependência de alguns documentos primordiais, ele regressa para casa.

À noite, forçado pela necessidade de repouso físico, adormece exausto e inquieto.

Pela manhã, muito cedo, desperta, envolvido em muito cansaço e visível aflição.

Respira fundo, concentra-se e ora fervoroso. Como resposta às suas aflições, ouve de Emos:

"Haja o que houver, continue trabalhando a seu favor e a favor de sua amada. A sua confiança em Deus o ajudará a definir os próximos passos. Tenha calma e coragem..."

Ciente das dificuldades que virão, agradece.

Voltando aos endereços visados, consegue finalmente os documentos que ainda lhe faltavam.

Ansioso e mal conseguindo respirar, tal a ansiedade, parte para o hospital.

"Quisera ter nos pés as asas de Mercúrio..." – pensa.

Chegando, entrega os papéis requisitados, refletindo sobre os recursos que D. Hernandez possa ter em mãos, visando a alcançar os mesmos objetivos.

Mas, apesar das suas lúcidas conclusões, pretende resistir até o final desta batalha que mal começou. Para isso, conta com a força do seu amor e, principalmente, com a Providência divina.

Revê sua amada e conversa com ela.

Entre lágrimas e sorrisos, Pilar revela a sua alegria e a sua confiança.

Após alguns momentos de ternura e de felicidade mútuas, ela cai novamente num sono profundo, enquanto Dom se mantém ao seu lado em adoração e vigilância amorosa.

As estrelas brilham no céu, quando Dom se despede do doutor e de Senhorinha, entregando-lhes de coração aberto o seu mais precioso tesouro, prometendo regressar logo ao amanhecer.

Mas, altas horas daquela mesma noite, D. Hernandez se posta nas redondezas em percuciente vigilância, aguardando a oportunidade que precisa para consumar suas criminosas intenções.

Por fim doutor Reginaldo surge à porta principal carregando a sua maleta de médico e visivelmente cansado.

Atento, ele espera que o médico se afaste e desapareça finalmente numa curva do caminho.

Sorrateiro, envolvido nas sombras da noite e contando com a retaguarda dos seus cúmplices, D. Hernandez comanda, sem ser visto, aqueles que executam um plano previamente acordado.

Dias atrás, numa das suas impertinentes visitas, ele indicara aos seus cúmplices, por meio de sinais, quem era a paciente em questão, Maria do Pilar.

Assim apesar das ordens médicas do doutor Reginaldo, confirmando a necessidade de manter sua paciente Maria do Pilar ali internada até segunda ordem e lembrando a todos o direito legal de Dom Carlos Lupe de Medrado sobre ela, em poucos instantes tudo muda de feição, sob o poder espúrio de D. Hernandez.

Ligeiro, D. Hernandez aproveitou a penumbra da noite e acobertado por seus pares tão criminosos quanto ele mesmo, realizou o seu maior desejo — levar Maria do Pilar.

Esta, sem condições de entendimento, previamente adormecida sob o efeito de anestésicos, é embarcada num veículo fechado, que se afasta rapidamente do local para mergulhar na noite escura...

Mas... Que ninguém se engane. D. Hernandez não agira simplesmente em direção aos seus próprios interesses. Não...

De olhar sinistro e riso debochado, ele entregara 'documentos concludentes e irrecusáveis' que apontam erros médicos do doutor Reginaldo. Sem esquecer naturalmente de reforçar as suas queixas pessoais – membro assaz importante que é naquele hospital.

Enfim, ele minou de tal modo o chão por onde pisa decente e dignamente o bom doutor que a partir de então a sua permanência naquela instituição de saúde se tornaria para sempre inviável, tal a rede de intrigas e de calúnias que D. Hernandez teceu num cortejo de falsas acusações e deslavadas mentiras...

Assim ele se vingava da 'ousadia' do médico, ao ignorar-lhe a notável e amplamente reconhecida importância política e pessoal – não apenas ali, mas em toda a Madri.

Certamente, sabe a quem recorreu e em qual terreno lançou as suas sementes de discórdia e de desapreço altamente comprometedoras. Afinal, os inimigos do bem e da verdade estão em quase todos os departamentos da vida pública e privada, respondendo em grande peso pelos múltiplos descalabros, pelas dores e carências intermináveis, com os quais a humanidade se vê exaustivamente a braços todos os dias.

Mene, Mene, Tequel, Parsim...*

DIA SEGUINTE, DE volta à rotina do seu trabalho, doutor Reginaldo percebe algo no ar que o incomoda sobremaneira.

Indagou inutilmente a alguns dos companheiros de trabalho sobre as razões para um clima tão desfavorável à sua presença.

Os seus inimigos gratuitos sorriem irônicos, enquanto, desrespeitosos, lançam ao ar incompreensíveis epítetos e abomináveis chavões.

---

* A escritura na parede (Daniel, 5:01-31). Para maior entendimento do fenômeno, leia *O livro dos médiuns*, de Allan Kardec, sobre pneumatografia ou escrita direta (segunda parte, capítulo 12, item 146).

Aqueles que o amam e admiram (muito justamente) parecem amordaçados, além de revelarem em suas fisionomias um grande abatimento físico e moral.

Até mesmo Senhorinha, ainda que lhe dispensando o tratamento e a reverência habituais, age de forma muito estranha.

Doutor Reginaldo sente sobre a sua cabeça uma invisível ameaça, a princípio silenciosa, mas que certamente decidirá à sua revelia o seu próximo futuro.

Decidido, ele se dirige aos órgãos competentes do hospital para ali ouvir incompreensíveis e graves acusações.

Defendendo-se, sinceramente, dá as justas explicações, mas, surpreso, ouve réplicas e mais réplicas, todas elas incoerentes e reconhecidamente falsas.

Aqueles que ali o recebem se contrapõem aos seus depoimentos de forma claramente intencional e sequer lhe dão ouvidos, aparentemente ocupados.

Perplexo, conclui que fora "pesado, medido, dividido e condenado" sem apelação nem defesa.

Assim, cansado e profundamente abatido, ele aguarda os próximos acontecimentos, enquanto retoma as suas funções sem saber até quando poderá exercê-las.

Melancólico, olha ao redor numa saudade antecipada, e lágrimas copiosas começam a cair sobre as suas vestes brancas e impecáveis.

De repente, alguns sintomas muito constringentes começam a se instalar. Teme um colapso de forças. Procura, contudo, no recesso de sua alma as forças e a coragem de que precisa. Assim, parte sem detença em direção aos seus doentes mais graves.

E, enquanto desenvolve o seu trabalho, recorda a si mesmo noutro tempo:

"Valise na mão, cheio de sonhos e planos, ele chegou ali um dia... Tudo estava por se fazer no exercício da sua adorada medicina. Enfim, confirmaria na prática tudo aquilo que aprendera, ávida e dedicadamente, na universidade.

O seu coração em festa, naquele dia, desejava tudo e muito mais.

O seu diploma lhe permitiria, enfim, dedicar-se ao seu objetivo primordial: lutar contra as doenças e vencer inúmeras vezes a morte. Esta teria de respeitar-lhe o saber e a competência, embora frustrada nas suas evidentes intenções, para permitir ao enfermo a continuidade indefinida de sua grande aventura cósmica sobre a Terra.

Oh, o quanto se sentia forte e poderoso ante o presente e o futuro! Os sucessos ou as derrotas dependeriam principalmente da sua boa ou má atuação como profissional da saúde..."

Assim reflexivo, ele chega à enfermaria na qual Pilar fora internada, para se surpreender, atônito, com a sua ausência. Ali, frente ao leito vazio, no qual a deixara na véspera, finalmente ele compreende tudo.

D. Esteban Hernandez e Hernandez, além de arrebatar criminosamente Maria do Pilar, como prometera, se vingara dele, tal qual uma serpente traiçoeira...

Apressado, numa taquicardia perigosa, ele se dirige novamente à direção do hospital.

Ali, é informado 'com muita simplicidade e isenção

de ânimo' por aquele que no momento se encontra à frente da administração que sua paciente Maria do Pilar Dias Navarro fora legalmente transferida para outra instituição, a fim de complementar os seus tratamentos de saúde e recuperar-se devidamente, não apenas dos traumas causados pelo atropelamento, mas... – e levanta os olhos das cédulas que habilmente conta, num sorriso beatífico para frisar insidioso e intencional – mas para livrá-la, enfim, de um tratamento médico inadequado, justamente ali, num setor de saúde primordial e de suma importância.

Em choque e incapaz de entender muito bem aquelas palavras incoerentes, o bom doutor indaga-lhe pressuroso para onde e quais as razões que levaram a referida diretoria a se comprometer com uma duvidosa e temerária remoção da sua paciente.

A resposta veio rápida:

– 'Forças superiores e inquestionáveis' se impuseram, a fim de executar o ato em si oficialmente e sob sigilo.

E, para completar o seu estupor, aquele que o atendia no momento chamou-o de lado e aconselhou 'amigavelmente', quase num sussurro:

– Fique de fora, se é que pretende continuar trabalhando aqui. Se bem que...

– Sim?... – indagou ansioso.

– Nada, nada. Deixe estar e esqueça tudo o que houve. É o melhor conselho que eu posso lhe dar.

– E quem lhe disse que preciso de conselho? – respondeu indignado – O que exijo é uma explicação plausível para o desaparecimento de um dos meus pacientes.

— Ora, ora, cuidado com as palavras. Ela não está desaparecida — ele prossegue no seu abominável cochicho, enquanto olha pressuroso ao redor, sem largar aquilo que faz. — Assim o senhor se complica ainda mais. E quanta estupidez... Acusar o hospital de negligência ou de conivência.

— Pois eu os acuso das duas irresponsabilidades e exijo explicações.

Fazendo um gesto de somenos importância com as mãos, o interlocutor virou-se para algo que no momento lhe exigia atenção, e silencioso passou a ignorá-lo.

Sem outra solução para o momento, o doutor retoma as suas atividades e, ao fazê-lo, se depara com a presença de Dom. Este, extremamente pálido, indaga:

— Doutor, é verdade que a minha Pilar desapareceu?... Já indaguei várias pessoas, inclusive o doutor Constantino, mas nada obtive como resposta. Minha última esperança é o senhor, em quem confio plenamente.

Aos ouvidos do doutor, aquele nome explodiu como relâmpagos e trovões numa noite tempestuosa:

"Doutor Constantino. Ora, por que não pensei nele antes? Enfim, ele conseguiu me alcançar e me ferir. E não apenas ele, eu sei..."

Naquele momento, o referido médico surge à sua frente – silencioso, sorriso irônico, a fixar-lhe suas pupilas negras, para afastar-se em seguida.

Aos poucos, os seus passos pesados e ruidosos vão ficando cada vez mais distantes até um completo silêncio...

Procurando uma cadeira, vai até ela e nela desaba...

Doutor Constantino possui um grande poder de decisão junto à direção daquela instituição hospitalar. Algumas demissões já foram levadas a efeito inexplicavelmente, sendo a parte delas comprovadamente de profissionais altamente éticos e competentes.

Enquanto tenta raciocinar claramente, divisa Senhorinha a passar por um dos corredores fazendo-se entender que precisa lhe falar.

Quase incapaz de se locomover, tal o seu estado emocional, ele se supera e vai ao seu encontro.

Ela se interna numa das salas e cai em prantos, curvada sobre si mesma.

Ele chega e ainda consegue forças para indagar-lhe:

– O que deseja, Senhorinha? Sabe o que houve, porventura, com Maria do Pilar?

Levantando a cabeça, envergonhada e abatida, ela confirma:

– Sim, senhor. Eu lhe direi tudo, ainda que me despeçam.

– Não, minha amiga. Roguemos aos céus que isso não venha a lhe acontecer. Conheço as suas prementes necessidades e a fragilidade física de sua netinha. Eu jamais me perdoaria, caso viesse a ser ainda que involuntariamente motivo para o seu desligamento desta instituição. Fale, se assim o desejar; caso contrário, cale-se e retorne às suas funções. Agradeço-lhe do mesmo modo e conte sempre com a minha ajuda, admiração e respeito. De algum modo eu me arranjarei; descanse o seu coração.

– Obrigada, mas prefiro falar, meu bom amigo e benfeitor. Em sua ausência, e com alguém que sequer pudemos ver, sob ordens expressas dos diretores do hospital, fomos todos sumariamente afastados da ala da enfermaria, onde sua paciente Maria do Pilar foi transferida, sob o olhar e a estupefação de alguns poucos que conseguiram vê-la, e embarcada num veículo de estranha aparência. Tudo feito nas sombras da madrugada.

– E ela? Certamente não concordou com esta invasão?

– Impossível, doutor. Ela estava fortemente anestesiada.

Chorando baixinho, Senhorinha acrescenta:

– Fico a imaginar, doutor, como ela reagirá ao despertar.

– Certamente, certamente... Acalme-se, por favor, você precisa retornar ao seu trabalho. Já devem estar sentindo a sua falta.

– Sim, farei isso. Mas e se o senhor for exonerado? Temos ouvido alguns cochichos pelos corredores. Como farei para socorrer a minha netinha?

– Ainda que eu saia daqui você poderá contar com os meus préstimos. Flora continuará recebendo o meu atendimento e remédios. Minha presença ou não neste hospital em nada modificará as minhas atividades aos que precisarem de mim.

Senhorinha agradece com um abraço profundamente carinhoso no doutor.

Silenciosa, em seguida ela se vai. Não quer nem pode se despedir. O seu coração já não suporta mais tantos embates...

No limite das suas forças, com a dor no peito aumentando progressivamente, o doutor se surpreende com a presença de Dom ao seu lado... Precisa lhe falar...

Mas à tentativa de fazê-lo, leva as mãos em garra ao peito e geme incapaz de articular uma palavra sequer, debatendo-se num mal súbito.

Dom se precipita, ampara-o e clama por socorro.

Poucos minutos depois, se encontra ao seu lado numa ambulância.

Naquele hospital, ele abnegadamente se entregara de corpo e alma aos seus pacientes por anos a fio, fora-lhe concedida tão somente a possibilidade de remoção para outro hospital, na confirmação insofismável da intenção daqueles que tramaram o seu afastamento para livrar-se da sua presença.

Dom interna-o noutra instituição hospitalar, acompanha-lhe o atendimento e os primeiros socorros.

Responsabiliza-se pessoal e financeiramente por ele e, sem esquecer a própria dor, permanece ao seu lado até vê-lo melhor.

Depois, deixando-o, confiante sob cuidados competentes, parte para casa.

Precisa se organizar, a fim de procurar Pilar, contando naturalmente com a Providência divina nesta busca tão incerta quanto desesperada."

Desorientação espacial

AO DESPERTAR, MARIA do Pilar olha ao seu redor... Onde está?

– Que lugar é este e como vim parar aqui?... – indaga-se perplexa, ouvindo o som da própria voz.

Imagina-se ainda em febres e delírios.

"Onde a atmosfera daquele hospital em que estava? Onde o simpático doutor Reginaldo e a sua equipe?"

Agitando-se, inquieta ela pensa e repensa, mas não consegue alcançar entendimento algum.

"Acaso fui transferida enquanto dormia?... Queira Deus, Dom esteja à frente desta mudança..."

Ouve passos e aguarda, coração a sair-lhe pela boca.

Eis que alguém, dando voltas e mais voltas na chave,

abre a porta e adentra o ambiente, portando uma bandeja com alimentos e remédios.

Observando a mulher ao seu lado, conclui que jamais a viu...

De porte avantajado, feições duras e impenetráveis, ela se move mecanicamente, ignorando-a intencionalmente.

Voltando-se, enfim, ela lhe entrega um prato com alguns alimentos e senta-se obstinadamente silenciosa.

Pilar não toca nos alimentos, ao que ouve o recado enfático:

— Aqui estou para cuidar de sua pessoa e nada mais lhe cabe fazer a não ser me obedecer.

Estranhando a declaração tão intempestiva quanto incongruente, Pilar lhe indaga:

— Como cheguei aqui? Quem é você e por que estou trancafiada?

Pigarreando, a fim de se sobrepor à sua voz, ela responde:

— Nada, absolutamente nada lhe direi. Poupe as suas forças e não faça mais perguntas.

— Espera mesmo que eu me submeta às suas ordens? Onde estou e por que fui transferida do hospital para cá?

Interrompendo-a, a mulher declara:

— Meu nome é Georgina e tudo aquilo que diz respeito a você a partir de hoje dependerá apenas de mim. Desista, se pretende me desafiar.

— Diga-me ao menos quem é o responsável por tudo isso.

— Se você mesmo ignora, imagine eu. Fui apenas

contratada para cuidar de você. Ao final desta empresa, receberei o meu pagamento e sumirei no mundo. Não me interessam absolutamente nem você nem aquele que me contratou.

— Então, faça-o vir à minha presença.

— Antes, tome os seus remédios e se alimente. Depois, veremos.

Pilar atende às ordens recebidas, na esperança de ser igualmente atendida.

Alguns minutos mais e a truculenta mulher desata a rir, sinistra e ruidosa.

Em seguida, arranja a bandeja, apressando-se para sair.

De repente, Pilar sente no ar um aroma que a faz pensar no seu parente D. Hernandez:

"Será?... Não. Ele não se atreveria..."

— Aquele que me transferiu para cá responde pelo nome de D. Esteban Hernandez e Hernandez? — indaga ansiosa.

A mulher, contudo, volta-se para o que fazia e, silenciosa, segue em direção à saída. Sai, bate a porta, trancando-a, dando todas as voltas possíveis na chave da fechadura.

Pilar ergue-se parcialmente da cama, mas sentindo-se rodopiar no vazio cai pesadamente no leito. Roga socorro aos céus e remete os seus pensamentos a Dom...

Desperta horas depois, confirmando aterrada a triste realidade na qual se encontra.

Ouve ao longe cânticos religiosos, que parecem vir de alguma procissão... Respira fundo, acalma-se e aproveita os ecos daquela demonstração popular de fé e religiosidade.

Fecha os olhos e faz as suas próprias orações e rogativas...

Mais pacificada consigo mesma e decidida a enfrentar da melhor forma possível o enigma no qual fora atirada tão abruptamente, conclui:

"Quem me transferiu para cá deseja que eu sobreviva e muito bem. Aqui tem todo o conforto possível... Advogando em tantas causas, me vejo vítima de alguma armadilha muito bem urdida e, por mais que eu pense, não consigo chegar à conclusão alguma... Tenho apenas hipóteses, uma delas, a mais provável, a presença de D. Hernandez por trás de tudo isso... Bem característico dele, aliás..."

As agruras de Dom...

Dom sofre sem socorro e sem remédio ao ignorar por completo o paradeiro de sua amada Pilar.

Voltando várias vezes ao hospital, continua indagando inutilmente sobre ela.

Alguns olhares falam mais que mil palavras... Ali, algo maior e obscuro aprisiona as línguas e impede maiores esclarecimentos, os quais não devem interessar seguramente ao hospital ou a alguém em particular.

Tendo oficializado em tempo hábil a sua legítima posição de noivo e responsável por Maria do Pilar, ele questiona enfático a arbitrariedade de quem quer que fosse, ao transferi-la dali sem a sua presença e o seu consentimento.

"O tempo se escoa... Pilar está ainda física e emocionalmente muito fragilizada... O que fazer? Quais os motivos e as razões que levam um paciente a desaparecer assim de um hospital?... Além dela, o estado do bom doutor me preocupa... E como estão todos amordaçados, ante a ameaça de serem atirados à rua, eu não consegui sequer o endereço dele, nem saber se tem ou não família..."

Na delegacia local, onde registrara o requisitado boletim de ocorrência, aqueles que o atenderam se afastaram por minutos infindáveis entre olhares de cumplicidade (certamente avisados ou ameaçados) para retornarem, dizendo-lhe coisas inadmissíveis a respeito do desaparecimento de Pilar e aconselhando-o a dirigir-se confiante à direção do hospital em questão. Ali poderia encontrar as respostas que procurava. E nada mais tinham a dizer...

Por fim, Dom saíra de lá sob protestos e ameaças de ser aprisionado "ao desafiar numa ousadia sem limites, irreverente e desrespeitoso, as ações legais daquelas autoridades".

Assim, em pleno desespero, ele não sabe mais o que fazer.

Nunca fora de se acomodar, nem de desistir, acima de quaisquer circunstâncias, desde que tomou as rédeas da própria vida. Mas, diante do desaparecimento de sua Pilar, todas as portas parecem se fechar, enquanto uma fumaça insidiosa se levanta, sombria e indevassável, desafiando-lhe as emoções mais profundas e a sua natural racionalidade.

Respira fundo, eleva a cabeça e fita o céu, implorando o auxílio maior, aquele que nos vem de Deus...

"Melhorando, o próprio doutor me informará... Espero... O triste fato ocorrido igualmente o tocou e com muito mais peso. Pobre doutor Reginaldo! A minha intuição me faz suspeitar constantemente de D. Hernandez, mas como provar?... Da última vez em que lá estive, ele representou muito bem o seu papel de parente desolado, prometendo quase em lágrimas que tudo fará, a fim de encontrá-la. Qualquer um que o surpreendesse naquela pantomima, diria convencido que ele se solidarizava sinceramente com a minha dor... Indo às raias do próprio descaramento, me pediu a fineza de informá-lo de todas as providências atinentes ao caso. Oh, o quanto deve ter se divertido depois às minhas custas!... Infeliz. Desgraça aos outros, sem problema algum de consciência. Seu maior talento é ser venal e cruel."

– E você, Emos, não se compadece do meu sofrimento? – ele atira ao ar a lamentosa indagação.

Todavia apenas o silêncio lhe responde. Emos lhe parece distante e indiferente... Mas, apesar da dor e da desorientação, nas quais os fatos o atiraram, exclama conciliador:

– Sim, eu sei, caro amigo. O testemunho é sempre solitário... Mas, se não recebo diretamente o seu auxílio, sei do seu interesse fraterno. Entretanto, quanto eu gostaria de ter certeza dos passos que tenho dado e daqueles que ainda darei, na intenção de consertar os descalabros praticados por D. Hernandez, este declarado inimigo que se interpôs no meu caminho para me testar os valores já alcançados e as fraquezas que ainda carrego! Enquanto ele me cobra duramente, revelo em mim mesmo aquilo que já conquistei e o que ainda me falta conquistar, em minha alma sofrida e experimentada na dor e no medo, embora resgatada a tempo por aqueles que atravessaram o meu caminho, e dentre estes você, meu incansável e bom amigo espiritual.

Assim, de coração sofrido e mente cansada, Dom se divide entre a sua busca e os cuidados ao doutor Reginaldo.

Retornando à polícia várias vezes, ouve promessas de investigação que nunca se concretizam.

Ao imaginar sua Pilar sofrendo, Dom se sente enlouquecer e em momentos assim chora sem pejo algum...

Casamento marcado, às vésperas de sacramentar esta sublime expectativa, eis que lhes barram criminosamente o caminho da ansiada felicidade.

Desfigurado pela dor e assaz emagrecido, Dom parece ter afivelado às costas um peso acima das suas forças. Contudo, pudesse ele ver com os olhos da alma, surpreenderia aqueles que já passaram por sua vida e apostaram na sua evolução moral, a ampará-lo, fraternos, enquanto o peso das dívidas espirituais dos dois como casal aguarda os devidos acertos no espaço e no tempo.

E quando, enfim, dominado pelo extremo cansaço, ele adormece, consegue revê-los e abraçá-los, altamente gratificado, para despertar na manhã do dia seguinte mais refeito, mais disposto e mais esperançoso, embora não recorde o sucedido durante o desdobramento espiritual através do sono.

Atenção redobrada

Maria do Pilar, por sua vez, se esforça bravamente para manter-se serena e lúcida, a fim de colocar em prática tudo aquilo que aprendeu ao longo da sua carreira profissional, exercitando estes recursos agora em causa própria.

Troca algumas palavras com a sua carcereira, enquanto lhe estuda as feições, os movimentos e as suas intenções.

Esta, contudo, habilmente exercitada na vida marginalizada que leva, segue à risca as ordens que recebe. Seu único objetivo é de fato o pagamento final, nada mais...

Numa tarde, Georgina, já mais relaxada com os excessos de zelo para impedir a fuga de sua prisioneira, deixou a porta entreaberta. Vendo-a, Pilar precipitou-se rapidamente em sua direção, quando sentiu violento golpe nas costas. Gemendo, permaneceu no chão em patente dor e aflição, até poder se arrastar e alcançar a cama, enquanto Georgina, num riso zombeteiro, a encarava satisfeita, por poder demonstrar enfim a sua peculiar truculência.

— Por que é tão violenta? — Pilar balbuciou, entrecortando ainda as palavras, tal a sua dor. – Ponha-se no meu lugar.

Fixando-a num olhar feroz, Georgina asperamente lhe respondeu:

— É exatamente isso que você ainda não entendeu. Estamos em lados opostos. Da próxima vez, não respondo por mim. Quando a cólera me domina, nada, nem ninguém consegue me deter. Pense muito bem nisso, antes de me desafiar novamente.

À Maria do Pilar, Georgina parece feita de pedra.

Na manhã do dia seguinte, ela amanhece ardendo em febre.

Visivelmente preocupada com o resultado dos seus próprios atos, Georgina se esmera nos seus cuidados até vê-la melhor. O que dirá àquele que a contratou?

Alguns dias depois, Pilar ouve uma voz masculina alterada a discutir com ela.

Apurou os ouvidos, mas as vozes se afastaram até se tornarem incompreensíveis.

E, mais uma vez, sua memória olfativa captou o mesmo aroma forte de tabaco.

Estremeceu vivamente sob o impacto de uma terrível conclusão:

"Se aqui no meu quarto este aroma se faz tão forte, é porque enquanto adormecida e sob o efeito dos medicamentos alguém se faz presente. Deus de infinita misericórdia, encontro-me de pés e mãos atados. Como me defender? Ainda que suspeite de D. Hernandez, nada posso fazer. Como ele reagirá quando defrontar-me enfim? E que histórias mirabolantes terá para me contar, a fim de explicar a sua presença?... Dom, onde e como estará você meu amor? E os preparativos para o nosso casamento?... E os meus compromissos profissionais?..."

Debatendo-se assim, dia após dia, ora dormindo sob efeito dos remédios, ora desperta, chorando e rezando, ela teme cada vez mais pela própria sorte.

Dom se decide e vai mais uma vez à casa de D. Hernandez que, traiçoeiro, teatral e obstinado na sua perfídia, ainda ele lhe pede:

– Quando souber de algo, não me esconda, por favor. Todos sabem que pretendo me casar com Pilar e o meu coração solitário não aguenta mais a sua ausência.

Num turbilhão revolto portas adentro do coração, Dom se esforça significativamente para não revidar ao seu descarado desafio. O que D. Hernandez pretende inegavelmente é tirá-lo do caminho na ponta da sua espada.

"O que será de Maria do Pilar, sozinha e provavelmente à disposição deste abutre infernal?" – ele conclui, enquanto se controla bravamente.

D. Hernandez não ignora que ele e Pilar já marcaram casamento. Por isso mesmo atreveu-se a tanto.

Seus parentes, plenamente acordados com as suas ações espúrias, louvam-lhe entusiastas 'a coragem e o direito" de pleitear a mão daquela a quem diz amar.

Alguns chegam ao cúmulo de comentar a grandiosidade da festa, na qual todos se empenharão vivamente para honrar a grande ventura de tê-la ali, dona e senhora da casa e de tudo o mais que acompanha tal séquito de riqueza e de poder.

Mais alguns minutos, que lhe pareceram séculos, Dom se decide e se vai rapidamente, sem se pronunciar, nem se despedir, antes de perder a razão e investir como deseja contra aquele bufão de triste presença, corvo maldito que crocita nos telhados alheios... Se o enfrentasse, não sobreviveria para resgatar Pilar.

Enfim, doutor Reginaldo apresenta melhoras.

Naturalmente grato ao apoio incondicional que recebera de Dom em momentos tão difíceis quanto decisivos, ele externa a sua gratidão, enquanto recolhe dele as novas informações a respeito de Maria do Pilar, que prossegue misteriosamente desaparecida.

Recebendo alta do hospital, o bom doutor assume uma nova etapa de vida, confiante em si mesmo e na proteção divina que nunca lhe faltou.

Dom vai à delegacia novamente e se certifica da inutilidade de fazê-lo.

Enquanto esteve internado, doutor Reginaldo reencontrara velhos amigos, antigos colegas de profissão.

Além da grande alegria em revê-los, algum tempo depois, e por intermédio de alguns deles, conseguira uma expressiva colocação profissional em outro hospital.

Reconhecido por sua moral ilibada e pela qualidade de profissional que é, voltou a clinicar, satisfeito e agradecido a todos aqueles que o socorreram e auxiliaram.

A farsa

Hoje, Dom deixou o leito pela manhã mais esperançoso.

Sonhara com Emos a lhe dizer que brevemente a sua querida noiva estará de volta.

Ela, por sua vez, saudosa e distante, observa que Georgina chegou naquele dia mais silenciosa e enigmática. Fez o seu trabalho e deixou tudo arranjado, como se não fosse mais voltar.

“O que estará por vir? – pensa. – Aquele que me mantém aqui se mostrará finalmente? Cheguei a desconfiar dos meus inimigos de profissão... Afinal, vivo sob ameaças, algumas veladas e outras nem tanto... Mas tudo aponta para este abominável e desprezível parente que a vida me deu...”

Dom, muito decepcionado com a fraca atuação da polícia, pois já se somam duas longas semanas do desaparecimento de Pilar, decide contratar serviço profissional na área de investigação.

Depois de alguns dias, o profissional revela a sua competência, descobrindo um dos endereços madrilenos de D. Hernandez, algo desconhecido e num local de difícil acesso.

Plano traçado, os dois partem para lá e se postam nas imediações, a fim de observar e surpreender os movimentos da casa ou a presença do proprietário.

Impulsivo, Dom anseia por entrar, sendo impedido pelo investigador, que lhe indica aqueles que ao redor da residência vigiam ameaçadores.

Depois de horas estafantes, surge, enfim, um luxuoso veículo, onde D. Hernandez se encontra visivelmente ansioso.

Na frente da casa, ele desce e se interna na aprazível moradia.

À distância, atentos, os dois observam alguns homens a caminharem muito inquietos.

Mais alguns minutos, D. Hernandez sai da residência acompanhado por Georgina.

Eles conversam rapidamente. Ela lhe estende a mão, inclina-se diante dele, despedindo-se, e adentra o mesmo veículo, onde o motorista ali permanecera em espera.

O veículo se afasta velozmente e D. Hernandez volta ao interior da casa.

Impaciente e precipitado, Dom declara ao seu companheiro que, se ele não tentar entrar, ele o fará, ainda que sozinho, no que é aconselhado a aguardar mais algum tempo.

Sem outra solução, ele respira ruidoso e se aquieta. O seu coração bate forte e descompassado, a adivinhar intuitivo a presença de sua Pilar.

Horas depois, duas sentinelas dirigem-se aos fundos da casa.

O investigador cochicha com Dom, faz-lhe sinais expressivos, e ambos se esgueiram ao redor da residência, cautelosos como dois felinos.

Há alguns metros, vislumbram uma porta lateral. Observam e ficam à escuta, antes de continuar avançando.

Por fim, galgam silenciosos algumas escadas que levam ao andar superior. Mas, antes de completarem a ação, surgem-lhes à frente dois brutamontes, que, silenciosos, investem contra os dois, deixando-os desacordados, tal a força dos golpes desferidos. Previamente avisados, eles esperavam que ambos agissem exatamente como agiram.

O barulho atraiu outros e o próprio D. Hernandez que, ao vê-los, fecha o semblante, furioso.

Cuspindo nos dois, mais generosamente em Dom, dá ordens expressas para levá-los dali.

Em seguida, retorna ao que fazia antes: fumar um dos seus custosos charutos, enquanto preliba o reencontro com Pilar, desta vez face a face e com argumentos poderosos.

Não pode negar que teme sensivelmente as reações da moça, intrépida, sincera e reconhecidamente inteligente.

Caso se imponha, ela o enfrentará com todas as armas que possui, ou seja, o seu destemor e as suas lúcidas e competentes defesas. Por isso, e por muito mais, a admira às raias da loucura.

Com a cabeça cheia de planos, ele finge estar abrindo portas e mais portas, ruidosamente, em meio a clamores tais que a própria Maria do Pilar estremece.

No mesmo ímpeto, ele sobe as escadas e derruba violentamente com a força dos seus pés a porta do aposento no qual ela se encontra.

Uma vez ali, divisando Pilar escondida atrás de um grande móvel, emite um grito:

— Enfim. Aqui está você, minha Pilar.

Ato contínuo, ela clama por socorro.

Surgem dois homens (previamente treinados), de armas em punho e olhares iracundos, que se posicionam no ambiente, aparentemente dispostos a tudo.

Assustada, Pilar os fita primeiro e depois escorrega o seu olhar para D. Hernandez, aguardando explicações.

Ele se aproxima, tentando abraçá-la, mas ela se afasta fazendo-o recuar, ofendido e revelando na sua expressão uma melodramática tristeza:

— Quando eu poderia imaginar que você estivesse justamente aqui?... Ora, vejam a ousadia destes criminosos...

Sob o olhar inquiridor de Pilar, ele pigarreia, enquanto caminha de um lado para o outro. Precisa ser muito convincente, muito ladino...

Ela, contudo, parece lhe devassar o íntimo sem muito esforço.

Para frente a ela e prossegue a sua 'brilhante atuação':

– Você nem pode imaginar, minha doce Pilar, a dor que tenho carregado no peito, desde o seu desaparecimento e as altas somas que tenho despendido para encontrá-la... – diz, aguardando-lhe um gesto de gratidão.

Impassível, porém, Pilar devolve-lhe o olhar, segura de si e das suas indiscutíveis conclusões.

Não se dando por vencido, porém, ele afivela ao rosto a máscara da dor e do desaire, curva-se sobre si mesmo num falso desalento e prossegue, tentando convencê-la:

– Quantas vezes eu me desesperei numa procura inútil, mas parecia, desgraçadamente, que o chão havia tragado você! Em tempo algum, minha querida, passei por algo semelhante. Não assim, com este teor de sofrimento.

Os dois capangas entreolham-se, entendendo-se, surpresos e divertidos.

Pilar, trêmula de indignação, pois o conhece suficientemente para acreditar numa simples palavra que possa fluir dos seus lábios, continua a fitá-lo, silenciosa.

Incansável, ele prossegue:

– Conte-me, por Deus, como fizeram para tirá-la daquele hospital do qual sou um dos seus membros mais proeminentes? Ausente desta casa por tanto tempo, como eu poderia supor que você estivesse aqui?

Mais uma vez, os dois cúmplices entreolham-se, estupidificados diante de tanta desfaçatez.

Braços cruzados, cansada, Pilar não move um músculo sequer, aprovando-o ou desaprovando-o, para desespero dele.

– Não se preocupe mais, minha pombinha. Eu já estou aqui...

D. Hernandez abre os braços, sorriso largo, na esperança inútil de um amplexo carinhoso e grato.

Pilar, todavia, conclui que contra a sua presença maligna é que deve acautelar-se.

Ele recolhe o esperado abraço e revela sua decepção, indagando-lhe:

– Por que me olha assim, tão silenciosa? Por tudo que mais ame...

Ele vacila... Sabe muito bem o que move e toca mais de perto o coração daquela que tem diante de si.

Pilar sorri sarcástica, adivinhando-lhe as óbvias conclusões.

Ele se torna violáceo, tal a sua indignação. Adentrou um terreno assaz perigoso...

Em tempo, tenta consertar:

– Enfim, diga-me algo, por favor. Seu silêncio me desespera e já temo um mal-estar súbito. Bem sabe o quanto amo você e da esperança que carrego no peito de ser feliz ao seu lado. Seus desejos serão ordens para mim. Irei buscar as estrelas do empíreo se você assim o desejar.

Ignorando-lhe o desprezível discurso, Pilar enfrenta-o:

– Terminou as suas frases de efeito e a sua deplorável encenação, D. Hernandez? Esqueceu com quem está falando? Faz tempo, deixei para trás a minha meninice e a minha natural ingenuidade.

Desta vez, são os dois homens armados que ficam admirados com a coragem da moça e mais uma vez se entreolham...

– Diga-me, você! – ela prossegue fremente de indignação. – O que pretendia me mantendo presa aqui? Quais são verdadeiramente as intenções desta sua inventiva cabeça a maquinar exaustivamente sempre contra tudo e contra todos? Encerrou seu discurso inútil e a sua pantomima? E onde se encontra aquela leoa furiosa que colocou aqui para me controlar e me torturar? Diga-me também se antes de sair ela recebeu o pagamento merecido, por sua competência. Saiba que trago as marcas da sua violência na minha própria carne.

Em choque, D. Hernandez modifica as feições, mesclando notável vermelhidão com uma palidez mortal. Por essa não esperava. Perdera subitamente a sua famosa condição de discutir e de se impor.

Desconsiderou mais uma vez a notável inteligência e a prática comprovada de Pilar no mundo das leis, no constante exercício das suas funções.

Incapaz de qualquer réplica, ele se perturba visivelmente. Nada de oportuno ocorre-lhe ao pensamento. Perdera de súbito a fácil erudição e a capacidade para enganar e manipular.

Mas, por outro lado, dera ensejo a que ela o surpreendesse, mais uma vez e sempre, como faz na sua incontestável beleza e fascínio.

Eis que naquele momento D. Hernandez conclui que a vida é muito mais surpreendente e fantástica que qualquer sonho ou ficção.

Apanhado como um peixe na rede, ele se debate inutilmente...

Embora nele não sejam frequentes os sentimentos verdadeiros, não pode se enganar quanto ao que o alcança, avassalador e inesperado...

Confuso, desaba ruidoso numa cadeira próxima, enquanto curva-se sobre si mesmo, visivelmente aturdido.

Conquanto Pilar possa suspeitar de mais uma encenação, ele de fato não lhe parece bem...

D. Hernandez, comovido até as últimas fibras do seu coração endurecido, descobrira perplexo e aterrorizado que os seus sentimentos se modificaram visceralmente em relação a Pilar, que ora o enfrenta com desassombro.

Não... Não pode, nem deve negar que a ama. Sim... e como jamais amou em sua longa vida. Nem mesmo aos seus pais, que o deixaram de lado, assim que perceberam os seus vícios de caráter, e que apenas dele se lembravam para castigá-lo duramente.

Infeliz e desprezado desde cedo, D. Hernandez revoltou-se contra o mundo. Tendo o ódio como sentimento a dominá-lo, destruía de um modo ou de outro tudo aquilo que não pudesse possuir nem dominar...

Curvado sobre si mesmo, vê-se pequenino, a sofrer as dores físicas e morais submetido aos maus-tratos de seus pais. E, agora, eis que algo, à sua revelia, acontece, dominando-lhe não apenas os sentidos, mas invadindo-lhe todo o seu ser, tudo muito diferente do seu habitual desdenho dos sentimentos.

Mas ali, diante de Pilar, "bela frágil e leve como uma indefesa pombinha", conclui aterrado que já não lhe deseja tão somente a beleza física, mas s luzes de sua boa alma. Já não pretende mais tê-la para si apenas como uma bela bonequinha, um admirável alfenim para exibir orgulhoso aos olhos do mundo. tê-la ao seu lado como sua mulher e para sempre.

Respeitando-lhe o visível mal-estar, Pilar aguarda que ele se recupere antes de voltar a enfrentá-lo.

D. Hernandez, contudo, alheio ao que se passa ao seu redor, impreca:

— Acaso o mundo desabou sobre a minha cabeça?

Pilar imagina-o de volta à questão que lhe diz respeito:

— Julga-se injustamente acusado? Que explicações pode me oferecer diante de tudo que vejo aqui?

Num profundo desalento, ele retruca:

— Ante a sua sapiência legal, sou neste momento um réprobo, um réu em juízo?... — finalmente dera-se conta dos enganos, quanto aos recursos usados para conquistá-la.

Pilar julga desnecessário responder, mas ele insiste:

— Quais os recursos para a minha defesa?

— Nenhum. E poupe-me da sua oratória vazia e pueril.

— É tão impiedosa assim no tribunal?

— Sabe que não. Não desdenhe a minha inteligência, nem tente me confundir. Os papéis aqui estão muito bem definidos: eu sou a vítima e o senhor D. Esteban Hernandez e Hernandez é o criminoso.

Revelando indignação, ele revida magoado:

— É assim que me vê? A mim, que só vivo por você?

Alquebrado, levanta-se, aproxima-se e lhe sussurra ao ouvido:

— Acaso esqueceu os sentimentos que nutro por sua adorada pessoa?...

Os dois seguranças, apesar de aguçarem bem os ouvidos, não conseguem ouvi-lo.

Pilar, furiosa, afasta-se dele. Enquanto ele reflete quanto ao que fazer, ela avisa:

— Poupe-me dos seus discursos oportunistas e previamente decorados. Nada que venha a me dizer modificará a certeza que tenho do seu mau-caráter e das suas ações criminosas, conhecidas e proclamadas em todas as esquinas de Madri.

— Não me julgue tão mal e não seja tão implacável. O povo é invejoso, desrespeita e não perdoa aqueles que assim como eu galgam degraus de importância comprovada, a fim de se manter num nível social muito acima dele. Mas ora, vamos, deixemos de lado tais infelizes, que não têm importância alguma, nem para mim, nem para o meu mundo, mundo este que domina, conduz e mantém a ordem e a vida de todos. Nós é que sabemos o quanto nos custa tudo isso.

Algo cansado do próprio discurso, ele se aproxima novamente de Pilar e volta a cochichar-lhe ao pé do ouvido:

— Pense bem, raciocine comigo, minha cara. Alguma mulher, em pleno desespero de causa, porque apaixonada e rechaçada por mim, deve tê-la trazido para cá por vingança. Como deve supor, acertadamente, algumas conhecem de sobejo o endereço em questão...

Olhos melosos, suspirando, D. Hernandez aguarda-lhe alguma apreciação.

Pilar, tendo se afastado, visivelmente furiosa, indignação à flor da pele, responde-lhe incisiva:

– Está a dizer, D. Hernandez, que ignora aquilo que se passa aqui na sua casa?... Ora, quando penso que o senhor já esgotou todo o seu latim, o senhor me vem com mais uma estultícia como esta. O senhor não se cansa de tentar iludir e enganar?

Incansável, ele confirma a sua primeira assertiva:

– Por vezes isto pode acontecer, sim, minha querida. Ainda mais quando me demoro a aparecer por aqui. Você foi testemunha da minha estupefação ao surpreendê-la aqui.

Pilar sorri, desdenhando-lhe a tola explicação.

Pigarreando e muito desconcertado, ele revela uma expressão de completo desânimo. Respira fundo e ruidoso, mas persiste na sua intenção:

– Provarei tudo aquilo que ora lhe digo; verá. Eu jamais estaria ligado a ações como esta, principalmente quando têm por objeto a sua venerada pessoa. Logo você, minha noiva e futura esposa.

Pilar desata numa risada, nervosa e incontrolável. Remexe-se inquieta e extremamente revoltada.

Arranja os cabelos, que no momento lhe caem sobre os olhos, ignorando os olhares de conquistador barato do seu problemático parente e, enfim, lhe responde num evidente cansaço emocional:

– Já que assim o deseja, prove.

Pavoneando-se, ele se move com rapidez, mas em vez de lhe fazer a vontade desafiadora, conclui, aparentando cuidados filiais:

— Antes de tudo, devo expedir ordens, a fim de providenciar uma lauta refeição. Depois, eu a levarei de volta à sua casa.

— Dispenso tanto a pretensa refeição quanto o transporte. Devo retomar a minha vida o quanto antes. Desejo simplesmente a minha liberdade para fazê-lo por mim mesma, sem a sua intervenção, nem a sua companhia, companhia esta criminosamente imposta. Quero sair daqui sozinha e o mais rápido possível. Como vítima que sou, aviso-o que lhe cobrarei legalmente a conta dos seus desmandos contra a minha pessoa.

Fazendo ouvidos moucos à grande parte do discurso defensivo de Pilar, ele lembra-lhe, aparentemente conciliador:

— E como pretende fazer tudo isso sozinha? Sabe, porventura, onde se encontra?

Pilar conclui sabiamente que ele tem razão.

— Está bem. Leve-me à minha casa. É o mínimo que pode fazer, diante das suas evidentes arbitrariedades.

Ela sabe, pela visão que tem tido através da janela, que uma verdejante floresta cerca a casa e se estende até onde a vista pode alcançar.

"Praza aos céus eu chegue de fato à minha casa, embora por vias tortas..." — ela pensa, enquanto ouve:

— Tranquilize-se — ele aconselha, aparentemente amigável. — Não pretendo mais perdê-la.

— Não pode perder aquilo que jamais possuiu — ela retruca ruborizada, tal a sua indignação, enquanto ele, abatido, avalia o quanto terá de se esforçar para provar-lhe o seu recém-descoberto amor. E para tanto, terá de afastar o seu rival Dom de um modo ou de outro...

— Aguarde um pouco. Vou chamar alguém para auxiliá-la a se preparar para a viagem — aconselha.

Prudente, Pilar responde:

— Não. Prefiro acompanhá-lo — e segue-o bem de perto.

No andar inferior, se deparam com uma mulher simpática e de boa aparência,

— Veja, Socorro? Assim como você, ela também estava presa aqui. Imagine, a quantos perigos estamos todos expostos nos dias que correm, não é mesmo?...

— Sim, o senhor tem razão — ela anui, habituada a obedecer, mas fora tirada de sua casa logo ao amanhecer a mando de D. Hernandez, para o qual já trabalhou ali mesmo.

Aquele que a trouxe instruiu-a previamente sobre o que fazer...

O fracasso e as suas consequências

Num espaço de tempo difícil de precisar, Dom e o investigador finalmente despertaram à margem de uma estrada que ambos reconhecem muito distante do centro de Madri.

Enquanto vigiavam a casa, sem que suspeitassem, eram igualmente vigiados.

Com o corpo dolorido, cada qual faz as suas apreciações a respeito e, nessa troca de ideias, reconhecem que a empresa, além de muito arriscada, não tivera o devido planejamento, salientando, contudo, que por desespero, Dom precipitara as ações, pondo em risco não apenas as suas vidas, mas jogando por terra as desejáveis probabilidades de concluir com acerto o ansiado resgate.

Na ânsia de salvá-la, acabaram por desconsiderar inadvertidamente o poder que D. Hernandez representa e as armas de que dispõe no seu mundo de vilania.

Abatidos, dores físicas e morais, enfrentando as dificuldades de todo o trajeto, eles regressaram cabisbaixos e refletindo quanto à necessidade de refazer planos. Descobertos e identificados, alertaram o inimigo prematuramente.

Quanto a D. Hernandez, hoje ele já não almeja simplesmente o papel de herói, mas aspira loucamente por um amor verdadeiro. Ao assumir a farsa de salvador, ele sequer poderia supor o quanto esta ação redundaria na maior surpresa da sua já longa existência, naturalmente marcada pela ação implacável do tempo.

Chegados a Madri, fazendo uso das mais variadas possibilidades de locomoção e de transporte, Dom e o investigador combinam um novo encontro, a fim de prosseguirem na mesma intenção.

Apesar do recente fracasso, o coração de Dom pressente a possibilidade de reencontrar Pilar brevemente.

Faminto e extremamente cansado, ele se alimenta e repousa. Pretende retomar a sua rotina de vida e visitar o doutor Reginaldo. Há algum tempo não o vê.

Ele se espreguiça, a sentir todos os seus ossos doerem, causa do recente esforço físico e das violentas pancadas recebidas.

Dois dias depois, pela manhã, após a sua higiene pessoal, alimenta-se e se apresta para sair, quando ouve o soar da sineta no portão.

Atende e um menino lhe entrega uma missiva. Agradece e lhe dá uma moeda.

Saltitante de alegria, o pequeno mensageiro se vai cantarolando e dançando pelo caminho, fazendo Dom sorrir.

Abre a pequenina missiva e reconhece a letra de Pilar. Ela lhe comunica que já está em casa e que deseja vê-lo o mais breve possível.

Parte imediatamente para lá, coração aos saltos, têmporas a latejarem. Sua ansiedade é imensurável.

Ao revê-la, abraça-a em prantos, incapaz de se expressar. A emoção sufoca- lhe as palavras na garganta, para mantê-las presas no coração amante e saudoso.

Acaricia-lhe os cabelos, enquanto fixa-lhe o rosto querido, apertando-a fortemente de encontro ao peito, em meio a soluços incontroláveis. Beija as lágrimas, que igualmente escorrem pelo semblante abatido de Pilar.

Esta, feliz, retribui-lhe os seus carinhos, completamente submetida aos próprios sentimentos.

Assim, abraçados e esquecidos do mundo que os rodeia, recuperam em parte os longos dias nos quais estiveram distantes.

— Meu Dom, temi nunca mais vê-lo! — ela exclama por fim. — Como se pode viver tanto em tão curto espaço de tempo?...

— Meu amor, você não pode imaginar o que senti, ao saber do seu inexplicável desaparecimento do hospital. Lá eu já havia apresentando todos os documentos legais, pleiteando os meus direitos como seu noivo e ainda assim passei a viver uma situação completamente sem sentido.

– Pois imagine a minha surpresa, ao despertar num lugar estranho e sob os cuidados e a truculência de uma mulher que me vigiava como um feroz cão de guarda!

– Conte-me tudo, Pilar, por favor, e com detalhes.

– Eu desconhecia aquele endereço de D. Hernandez e ele, imprudente como todos aqueles que se julgam muito acima de qualquer outra inteligência, fumava os seus habituais charutos. O aroma me alertou. Outro fator foi a conclusão óbvia de que o meu sequestrador desejava que eu continuasse viva. A minha carcereira, apesar da sua violência, me dispensava um ótimo tratamento, como boa alimentação, medicação, além de extremo conforto.

– Ah, que ele não perde por esperar! – Dom exclama revoltado e, por que não dizer, com ciúmes.

– Não esqueça, meu querido, que contra este senhor não existem armas possíveis. Ele age nas sombras e atua por meio de mãos desconhecidas, tão criminosas quanto as dele mesmo. Saber disso, porém, não nos impede de acusá-lo legalmente.

– Minha amada Pilar, precisamos oficializar de uma vez por todas a nossa relação. Ardo de ansiedade, paixão e amor. Quero ser feliz ao seu lado. Este amor me eleva aos céus e, às vezes, me atira ao báratro do medo e da insegurança, quando passo por situações esdrúxulas como estas.

– Concordo com o que me me diz, mas precisamos

ser prudentes. Poderíamos nos casar em segredo, sem comemorações, nem convidados. O que acha?

— Acho a ideia ótima — ele lhe responde entre um beijo e outro, cada vez mais entregue às próprias emoções, fazendo Pilar estremecer de amor em seus braços.

Assim, descontam em parte o tempo que passaram mergulhados em incertezas e muita saudade...

Inconformação

D. Hernandez impreca contra tudo, blasfema em direção aos céus e à Terra. Tudo que fizera e que lhe custou altas somas em dinheiro, além do grande desgaste físico e emocional, foi inútil, pois na sua fragilidade feminina Pilar provou a sua competência diante da vida, além de tripudiar sobre as suas ações e intenções, sempre previsíveis para ela.

"Ah, Pilar, se antes eu apenas desejava você, hoje, para meu tormento, almejo tudo, até mesmo a sua alma luminosa! Jamais abrirei mão do meu direito de conquistá-la e trazê-la para mim. E juro que nem depois de morto eu a deixarei."

Exalando volutas de fumaça, ele se delicia. Tudo ao

redor já está impregnado do odor do seu intenso vício tabagista: paredes, portas, janelas, móveis e objetos.

Irrequieto, ele percorre a ampla extensão da sala para retornar sobre os próprios passos um sem-número de vezes. Senta-se e levanta-se no mesmo ímpeto, agitado e profundamente desarmonizado consigo mesmo.

Destrata e por vezes agride sem remorso aqueles que chegam para o cumprimento das suas funções. Estes, ainda que o façam, dedicados, aquilo que devem fazer, arriscam-se a inumeráveis críticas e ameaças. E, se não cumprirem as suas ordens cegamente, sabem que serão castigados.

As expressões faciais de D. Hernandez excedem tudo o que se possa imaginar numa alma sombria e em completo desalinho.

Atormentado pelo ódio que sente por Dom, e na ansiedade doentia de conquistar Pilar, ele assombra aqueles que, por acaso, se deparam com a sua figura.

Tem consciência de que Pilar se distancia dele cada vez mais, além de não disfarçar sequer a grande aversão que lhe vota.

Assim, entre raciocínios trevosos e pretensões arbitrárias, D. Hernandez mergulha nos tormentos infernais de sua alma negra e desesperada.

A retomada

À DISTÂNCIA, EXAURIDA pelas recentes experiências, Pilar se reorganiza cuidadosamente, a fim de retomar em tempo a própria vida.

Naturalmente sensível, ela estremece como se invisíveis olhos a estivessem observando e por vezes pressente a força maligna e o olhar de rapina do seu malfadado parente.

Mal impressionada, persigna-se. Recorda como ele a recambiara, silencioso e carrancudo, extremamente revoltado e odiento.

Incansável e sem limites, vez por outra, ele se aproximava em mais uma tentativa para conquistar-lhe as graças, sendo constantemente rechaçado.

Pilar teme que num momento de insanidade ele reaja violento. D. Hernandez não tem freios nem escrúpulos.

Num último esforço, D. Hernandez chega à casa de Pilar fazendo menção de entrar, declarando-se extremamente cansado. Esta, contudo, cuidadosamente prevenida, fecha-lhe a porta, sem cerimônia.

Desse modo, nervos à flor da pele e ruminando uma raiva sem tamanho, ele regressa ao seu veículo, não antes de chutá-lo várias vezes e gritar desvairado contra o pobre motorista.

Preparativos...

CÉLERE NOS DESEJOS do seu coração amante, Dom concilia sua vida profissional com as providências urgentes para o seu casamento.

Pilar elabora documentos legais nos departamentos competentes. Anseia unir-se de vez ao seu querido Dom para viver ao seu lado, usufruindo o amor bendito que os surpreendeu, acenando-lhes com um futuro de paz, harmonia e felicidade, sem olvidar naturalmente as lutas e os revezes que certamente virão na esteira do tempo. Afinal, nem tudo serão flores...

Quando pensa nos filhos que virão, conclui que Dom se redimirá da infância sofrida, através do exercício do amor paterno. Ele fará pelos filhos, sem dúvida, tudo aquilo que nunca fizeram por ele...

Mas, se a vida não lhes conceder filhos da própria carne, irão buscá-los na adoção do amor, indo procurá-los entre aqueles que de uma forma ou de outra, por mercê de Deus, farão parte das suas existências.

Filhos não são simplesmente aqueles que foram gerados no ventre de uma mãe, mas também aqueles que chegam através da vida, requisitando tudo aquilo a que têm direito, pela sua própria natureza.

"Valeu a pena esperar por Dom" – ela conclui, romântica e feliz, a suspirar.

Seu coração aguardava por alguém e não precisou muito para reconhecer em Dom aquele com o qual já sonhava de olhos abertos. Fora um encontro mágico, previamente marcado pelos céus. Disso ela tem certeza!

"Até o meu apelido familiar ele adivinhou. Hoje, conheço a história da misteriosa Castelita, que desapareceu da mesma maneira que havia surgido...

"Querido Dom... Atirado às ruas, sofreu todas as agruras possíveis e inimagináveis... E, assim como aconteceu a ele, outros também se recuperam, mas, oh, triste constatação! – um número incalculável de outros não logra o mesmo intento.

"Admiro e faço eco aos projetos filantrópicos de Dom, que permitem aos desprezados do mundo novas oportunidades, para escaparem das terríveis armadilhas preparadas por corações tão embrutecidos. O mundo ainda caminha entre altos e baixos, erros e acertos, no rumo indubitável da perfeição, afeita a todos."

Em sua profissão, Pilar se depara com grandes exemplos de virtudes. Mas, oh, tristeza, com muitos vícios de caráter também. E há que os distinguir uns dos outros.

Muitas vezes desperta a animosidade daqueles que buscam tão somente reprimir, condenar um inocente, ou libertar um patente culpado (daqueles que lhes abrem prodigamente a bolsa), visando apenas o ganho fácil, claramente anestesiados nas suas consciências.

Procurando esquecer tudo aquilo que viveu sob a crueldade de D. Hernandez, ela preliba hoje um futuro feliz ao lado de Dom.

Repetindo a façanha

ALGUMAS SEMANAS SE passam...

Pilar não consegue recordar o estranho sonho que teve na noite passada. Além disso, um perigo indefinido parece envolvê-la, acompanhando-lhe os passos e causando-lhe arrepios...

Afinal, tudo caminha às mil maravilhas para ela e para Dom.

— Chou, chou, pensamentos sombrios! Que Deus nos abençoe e proteja sempre! — ela clama, cabelos soltos ao vento para secá-los, enquanto admira as nuvens branquinhas que acompanham lá do alto os feitos humanos. Elas vão se aglomerando, ora em sugestivas montanhas de pedras brancas e brilhantes, ora em formas surpreendentes que encantam ou assustam para, por fim, irem se esgarçando lentamente...

O canto de um galo a traz de volta ao chão que pisa. Encantada, sorri.

De dentro da sua cozinha, chega o delicioso aroma de café forte, feito há poucos minutos.

O seu dia se inicia invariavelmente no horário previsto, mas sem previsão de término.

Tudo ao seu redor fala de atividades sãs, de amor, de esperanças e de vida abundante.

Uma vizinha passa... Amável e sorridente, acena-lhe com a mão.

Retribui na mesma medida, enquanto recorda o quanto esta mulher tem lutado pela vida e pela saúde de seu filho, que luta com incapacidades físicas. Jamais a viu desanimar ante os obstáculos do caminho. Seu nome é Carmem.

Em muitas ocasiões, Pilar vai até ela, na intenção de apoiá-la e socorrê-la ante suas necessidades mais prementes.

Junto às autoridades competentes, concorre para que ela tenha acesso aos diversos tratamentos médicos e terapêuticos para a criança.

Tornaram-se, por isso, boas amigas, auxiliando-se e amparando-se mutuamente.

Carmem desaparece na curva do caminho e Pilar regressa para dentro da casa.

Há muito por fazer antes de se dirigir ao trabalho. Ama esta cidade e este país. Não conseguiria ser feliz noutro lugar:

"O quanto admiro esta terra e tudo que ela nos oferece de belo e de promissor. Desejo gerar filhos aqui, que dignifiquem dia a dia a nossa pátria. Eu e Dom haveremos de ser felizes, mas sem nos esquecermos daqueles que nos cercam."

Subitamente, ela ouve rumores na área livre que cerca a sua casa. Sai imediatamente e distingue um veículo nas proximidades, de portas abertas, de onde vê sair apressados dois homens de portes avantajados, enquanto outro se adianta, aproximando-se.

Seu pensamento voa para Dom, enquanto emite um grito de socorro. Ensaia correr, mas mãos fortes lhe tapam a boca, enquanto a conduzem arrastada para o veículo.

Uma vez ali, ela é amarrada e amordaçada. Aterrada, ouve o ruído dos pneus que arrancam velozes.

Alguns quartos de hora depois, caída ao chão do veículo, ela começa a ouvir o ruído de pessoas e o burburinho que fazem nas ruas e nas avenidas, buzinas de outros automóveis, que passam vertiginosamente a deixarem no ar um estranho eco.

Completamente incapaz de reagir, ela tenta acomodar o corpo no chão do veículo da melhor maneira. Pensa em Dom e na impossibilidade de avisá-lo.

Depois de rodarem por horas intermináveis, ela percebe que o veículo diminui a velocidade.

Aquele que lhe está mais próximo suspende-a, desamarra-a e lhe tira a mordaça, mas contém firmemente os seus braços, enquanto lhe tapa a boca.

Mais alguns instantes e reconhece um frontispício de

sólida construção nos seus inequívocos contornos: A residência de D. Hernandez.

Completamente aturdida, ela permanece em suspense.

O veículo, porém, não para, segue rodando por outras ruas completamente desconhecidas e desertas, afastando-se cada vez mais...

Enfim estacionam. Onde? E o que virá?...

Saindo do carro, tolhida por mãos fortes, ela analisa o lugar.

Trilham veredas de luxuriantes jardins, por entre as sebes, rosas deslumbrantes e flores admiráveis, algumas muito exóticas.

Depois de um tempo que lhe pareceu interminável, ela divisa uma espécie de pavilhão de caça, de grandes proporções arquitetônicas.

Sem que possa evitar, recorda de algo bastante insólito:

"A infeliz Isabel Elisa, casada com D. Hernandez, desaparecera. Interrogado a respeito, D. Hernandez informara à família que ela fora internada num hospital psiquiátrico, devido ao seu notório estado de desequilíbrio nervoso. Na ocasião, ele avisou enfático a quem aventasse a hipótese de visitá-la que apenas ele, o marido, poderia ter-lhe acesso.

"Tempos depois, Isabel voltou e surpreendeu a todos com uma 'nova aparência', completamente avessa a de antes, quando lindíssima, amorosa e boa, sorriso cativante e voz de rouxinol, ali chegara para reinar nos seus novos domínios como dona e senhora.

"Aquela que retornava em situação tão triste

quanto dramática era uma triste e desbotada cópia da antes belíssima dona Isabel Valença Hernandez e Hernandez.

"A partir de então, ela foi se entregando a um estado mórbido e de difícil tratamento que em poucos meses levou-a ao túmulo, para deixar muita saudade naqueles que a conheceram e com ela conviveram."

Em arrepios, Pilar analisa a própria situação:

"Meu Deus, serei eu a 'próxima Isabel' na vida de D. Hernandez? Estremeço à ideia de experimentar algo tão tenebroso sob a crueldade deste homem."

Assim que lhe tiram a mordaça, grita com todas as suas forças.

Aqueles que a trouxeram riem debochados.

– Não gaste as suas forças – um deles avisa. – Ninguém conseguirá ouvi-la.

Abrem uma pesada porta de carvalho, artisticamente trabalhada em floridos arabescos, e a forçam a entrar. Em seguida, saem, dando várias voltas na fechadura.

Esfregando os pulsos, os lábios avermelhados e quase feridos, agitada com o fato tão inesperado, ela caminha de um lado para outro a examinar as possibilidades de se livrar daquela situação, mas todas as saídas daquela desconhecida e peculiar construção estão hermeticamente cerradas.

Exausta e em completo desespero, cai em prantos, mas não demora a se recompor. Afinal, não é uma amadora neste setor de vida. Entende as transgressões humanas e convive rotineiramente com elas no exercício de sua profissão.

Respira fundo, olha ao redor e decide sentar-se numa poltrona próxima.

Retira de dentro da bonita blusa rematada com rendas uma correntinha de ouro. Nesta, o retrato de Maria, mãe de Jesus. Enxuga as lágrimas na manga da blusa e beija reverente a imagem, enquanto se concentra.

Por longos minutos, ela murmura, fervorosa, louvores e rogativas aos céus... Ao final, persigna-se com a referida medalha, guarda-a novamente e se recosta na poltrona de veludo cor-de-mel.

Nervosa, respira fundo várias vezes num exercício de reequilíbrio. Precisa manter-se lúcida e alerta. Quais seriam os próximos passos daquele que agira assim tão covardemente contra ela?

Recorda sua infância tão feliz. Sua família unida e amorosa... Tempo precioso que a preparava para o futuro que viria, cobrando-lhe responsabilidades... Quantas surpresas neste caminhar! Os revezes e os obstáculos, quantas vezes, lhe pareceram montanhas intransponíveis, para depois arredarem convenientemente, sem deixar rastros, nem tristezas inúteis.

Agora, dá um salto no tempo para rever o esbarrão intencional de Dom naquele dia inesquecível, enquanto declara corajosa para si:

— Nós conseguiremos concretizar os nossos sonhos e os nossos projetos de vida. Eu espero, eu acredito...

Aos poucos, exausta, ela se entrega a um sono reparador.

Horas depois, ouve um ruído na fechadura da porta

principal. Ainda sonolenta e impactada pela nova situação, retorna ao chão em que pisa.

Olha ao redor e distingue, num vulto alto e um pouco distanciado, a figura inconfundível de D. Hernandez.

Silencioso, sorriso nos lábios (neste sorriso, uma visível melancolia), enigmático, ele a observa.

Remexe-se e muito incomodada levanta-se e o inquire com o olhar.

Abrindo-lhe os braços, ele se precipita para ela.

Pilar recua rapidamente. No seu olhar chamejante, uma grande indignação.

Ele estanca, afivela ao rosto uma máscara de tristeza e declara em voz melíflua:

– Por fim, aqui está você e... 'sozinha', nos meus domínios e sob o meu poder.

Enfrentando-o, Pilar retruca:

– A sua ousadia não conhece limites. Enfim, repetiu a façanha anterior. Somente de cérebros desequilibrados como o seu se pode esperar ações como estas e em tão curto espaço de tempo.

– Não, não tenho, nem nunca tive limites, minha cara. Aqueles que me conhecem descobrem isso muito cedo.

Revoltada e destemida, Pilar adverte:

– Tem noção da gravidade daquilo que acaba de fazer? Não... E como poderia, uma vez que se julga acima do bem e do mal? A sua insanidade é das piores que eu já vi.

Enquanto ela assim argumenta, sua beleza notável e o seu corpo fascinante estremecem visivelmente.

D. Hernandez, tal qual uma serpente frente à sua provável vítima, preliba sensual a concretização dos seus desejos, enquanto admira-a, reverente, numa consciência clara e inequívoca de que a ama como jamais o fizera antes...

Senta-se displicente noutra poltrona (parte de um luxuoso conjunto de móveis estofados) sem desviar o olhar sedutor e intencional.

Neste olhar, um perigo que Pilar não desdenha. Intimamente atemorizada, ela roga proteção e defesa aos céus.

Ele fecha os olhos e mergulha nos seus negros pensamentos.

Ela se distancia e alcança a porta entreaberta. Em desespero, precipita-se para fora, mas é surpreendida pelos mesmos homens que a trouxeram. Volta sobre os próprios passos, devagar... Sente-se num terrível dèjá vu...

Voltando-se para D. Hernandez, surpreende-o a sorrir sarcástico.

– O que pretende? – indaga-lhe. – Esqueceu quem sou e como sou? Acredita mesmo que conseguirá me manter aqui por muito tempo?

Suspirando, ele se levanta e acende um charuto. Tira algumas baforadas fazendo a fumaça inundar o ambiente.

Pilar se abana, inquieta e muito incomodada. Custa a acreditar que uma pessoa seja tão irredutível como D. Hernandez.

– Minha boa e adorável Pilar – ele quebra o silêncio. — Você não sairá daqui, a não ser que eu permita. Acalme-se, vamos; afinal você está em boas mãos.

— Ah, sim, certamente estou. Veja as marcas que me deixaram essas 'boas mãos' — ela exibe peremptória os pulsos e o rosto ainda avermelhados. Eu gostaria muito de viver a minha vida sem as suas criminosas interferências. Abomino a sua aproximação e lamento profundamente fazer parte da sua parentela. Deixe-me sair. De uma forma ou de outra, eu o farei, não duvide.

— Não, certamente, não ignoro os seus atributos notáveis de coragem e de inteligência. Por essas e outras razões eu a admiro. Aceite um conselho de quem já viveu muito, minha cara: Conforme-se com a sua nova condição de vida. Sob este teto, você é a hóspede mais querida e receberá sempre o melhor tratamento.

— A cada nova palavra que sai da sua boca, temo as seguintes. Jamais surpreendi em alguém, por mais tosco que pudesse ser, tantas sandices. Você deve estar embriagado ou blefando. Acaso ignora que brevemente me casarei? Ora, e como poderia, não é? Conhece a minha vida e vigia os meus passos como um felino farejando os rastros da presa...

Uma onda violácea colore a face de D. Hernandez.

— Aquele tolo e ignorante longe se encontra de poder lhe proporcionar um átimo sequer de felicidade e de tudo aquilo que eu posso lhe oferecer. Digo-lhe mais: ninguém poderá amá-la mais que este coração que tem diante de si...

Ele se inclina antes de completar a frase e o faz numa profunda reverência:

– Completamente submisso aos seus encantos.

Pilar explode numa gargalhada:

– Sua desfaçatez e sua estupidez se equiparam, D. Hernandez. Jamais me submeterei à sua vontade, seja ela qual for.

Deslumbrado, D. Hernandez admira-a silencioso: "Sem ela, de que me valerá tudo que sou e possuo?"

Exausta, Pilar cambaleia.

Ele acorre e sustenta-a, acomodando-a numa poltrona. Buscando refazimento íntimo e remetendo os seus pensamentos aos céus, ela o rejeita, empurrando-o fortemente. Ganha alento e avisa-o, olhos brilhantes e incisivos:

– Jamais! – ouça muito bem – jamais conseguirá me dominar. Ainda que pudesse fazê-lo materialmente, jamais alcançará aquilo que de fato deseja. Estou comprometida com aquele a quem amo, num amor único e imorredouro. Não lute contra moinhos de vento. Se você fosse a única opção de casamento do mundo, eu morreria solteira.

Num salto, ele se levanta e a alcança, toma-lhe o braço, avisando-lhe, voz soturna:

– Ouça-me, você. Não me desafie, pois de fato ainda não me conhece. Cuide-se para não me exasperar. Não se atravessa na frente de um touro bravo, e é o que está fazendo. Se lhe sobra coragem, minha cara, falta-lhe prudência...

Pilar continua a fitá-lo, sem desviar os olhos, nem revelar temor, embora esteja apavorada.

No sorriso de D. Hernandez, uma grande dor recalcada, além de imensa decepção. Solta-lhe o braço e decide deixar para outra oportunidade a continuidade da luta que, apesar de precipitá-lo ao Tártaro, arremete-o à doçura incomparável de imaginar-se amado e admirado por aquela mulher que a vida lhe colocou tão próxima e tão inatingível.

Silenciosa, Pilar aguarda.

Por fim, ele se afasta, passos lentos, visivelmente abatido. Sai e tranca com violência a porta.

"Você é minha Pilar. Ninguém irá arrebatá-la de mim; eu juro. Com ou sem sua aprovação, serei o seu marido. Não arredarei um centímetro sequer deste caminho que escolhi."

Do lado de fora, encosta-se na parede e sente desejos de chorar, como fazia em criança.

As sentinelas, embora surpresas, desviam o olhar, temendo que ele descarregue sobre eles a sua evidente contrariedade.

"Estarei doente?" – D. Hernandez prossegue nos seus conflitos.

Apruma-se e se distancia em passos lentos e pesados...

Adentrando por fim a casa principal, ele se dirige aos seus aposentos e tranca a porta.

Acomoda-se na sua poltrona predileta, acende um charuto e recorda cada reação de Pilar:

"Hei de dobrá-la. Minha vida já me escoa por entre os dedos como areia fina... Meu tempo é cada vez mais escasso... Um resto de fascínio viril ainda brinda a minha existência, mas até quando? Meu reconhecido poder pessoal e financeiro nunca me levou à lendária fonte da juventude. Maria do Pilar precisa me ouvir e em tempo. Somente ela pode aliviar este peso que eu carrego..."

Entre uma e outra baforada, ele cicia várias vezes:

"Você, minha bela, iluminará o resto da minha existência."

Desta forma, ele decide a sua vida e as vidas daqueles que porventura lhe atravessam o caminho tortuoso. Adepto contumaz das paixões primevas, lamenta o tempo perdido antes de descobrir-se amando. Enquanto isso, Pilar continua sem saber como fugir dali.

Uma criada a serve, silenciosa e providencial. Nada lhe falta, desde o mais simples às coisas mais sofisticadas.

Dois dias se passaram sem a visita de D. Hernandez, nem a sua almejada chance de fuga.

As horas se escoam, pesadas, monótonas. Precisa de muito controle para não perder o juízo, submetida que está a circunstâncias tão bizarras quanto sombrias. Longe de sua vida e de Dom, imagina-o em desespero, a se debater num novo e inexplicável enigma.

Ao andar pelos diversos ambientes da casa, Pilar descobriu riquíssima biblioteca, provavelmente formada por Isabel Elisa. Lá ela se entrega à leitura, acalmando-se em parte, mas teme que o seu tempo ali se torne indefinido.

Em momentos de desespero, cai de joelhos beija a medalha de Maria, mãe de Jesus, e se põe fervorosamente a rezar.

Quando D. Hernandez 'voltar a visitá-la', certamente trará planos bem definidos.

O que mais teme? A falta de seu bom senso que, quando não consegue convencer, se impõe.

Estremece ao pensar nos perigos aos quais está exposta:

"Até quando ele me respeitará? Esta situação, além de completamente fora de propósito, parece-me um navio à deriva em alto-mar, sem comando, nem rumo...

"Ainda que Dom naturalmente desconfie dele, continuará a ignorar onde e como me encontro... Seremos felizes ainda?... Temo o desfecho de tudo isso... Oh, queira Deus voltemos a nos ver!..."

Assim, Pilar se debate entre incertezas e esperanças...

Pelas frestas das janelas cerradas, distingue o clarão de um sol radioso. Recorda sua casa, sua vida.

"Naquela manhã, apenas Carmem me viu..."

Premissas

No dia seguinte ao desaparecimento de Maria do Pilar, Dom despertara muito feliz. Completara enfim os últimos detalhes da futura residência dos dois.

"Minha querida Pilar, cá estamos nós a pleno vapor neste mar de aventuras, que é a própria existência do homem neste planeta. Mal consigo dormir à noite, minha amada, tal a ansiedade. Ardo em brasas de amor e de paixão. De mãos e corações entrelaçados, atravessaremos os mares da vida em qualquer época e sob quaisquer circunstâncias. Juntos, nestes sagrados anseios de ventura, concretizaremos a felicidade almejada e os nossos mais caros ideais — aqueles que inundam as almas de um gozo inexprimível."

Entre estes e outros pensamentos, ele saíra para o seu trabalho.

De regresso, ao final do dia, foi procurar Pilar, para se surpreender com a sua ausência.

Indagando à amiga Carmem, ouvira:

– Não sabemos dela desde ontem. Ninguém a viu sair, nem voltar.

Dom estremece e sente o chão faltar-lhe sob os pés...

– Nem mesmo você, Carmem, que lhe está tão próxima?

– Nem mesmo eu. Quando saí pela manhã, fiz-lhe um sinal amigável, enquanto me dirigia ao hospital, em busca dos remédios do meu filho.

– Teria Pilar viajado a trabalho com alguma urgência?...

– Não sei lhe dizer; lamento...

Enquanto ouvia as declarações de Carmem, um pensamento mais poderoso se impôs, fazendo-o empalidecer e enxugar o suor que já lhe porejava a testa.

– Será possível?... Não. Custo a acreditar...– ele explode, desarvorado.

– O que disse? – Carmem indaga curiosa e já de saída.

– Nada. Caso saiba de algo mais, me procure, por favor.

– Certamente, farei isso.

Em choque, ele se levanta e procura por um eventual bilhete, mas depois de meticulosa busca em todos os cômodos da casa, móveis e gavetas, conclui que Pilar saíra de improviso ou fora levada à força.

Sua roupa arrumada sobre a cama denuncia que ela se preparava para trabalhar.

"A porta dos fundos aberta... Ela jamais se esqueceria de trancá-la... Isto confirma uma saída abrupta."

O seu pensamento corre em direção à figura de D. Hernandez.

"Terá ele tentado novamente? Ele se atreveria a repetir a façanha em tão reduzido espaço de tempo? Terei de viver mais uma vez o horror de ignorar o paradeiro e a situação de risco em que certamente ela se encontra?"

Retornando ao espaço livre do quintal, observa uma cadeira caída. Recorda o hábito de Pilar de secar os cabelos ao sol e ao vento naquele pequeno e perfumado jardim...

Analisa o chão e distingue alguns vestígios de passos.

Canteiros antes floridos se encontram agora pisoteados e parcialmente destruídos.

Transido de horror, ele imagina Pilar sendo surpreendida e levada à força... Aperta o peito com ambas as mãos e grita em direção ao Alto:

– Emos, meu querido amigo de todas as horas, sei que você jamais fará a parte que me cabe, mas me auxilie, por Deus! Preciso de socorro urgente, como pode ver. Meu coração parece um torniquete.

Um vento forte lhe arrebata o chapéu. Este faz algumas voltas no ar e retorna mansamente aos seus pés, sem que ele precise mover um dedo sequer...

Embora triste, sorri e agradece:

"Obrigado, meu amigo e protetor. Que os céus sejam sempre conosco!..."

Em seguida, decide procurar por Fernando, o investigador. Depois que Pilar reaparecera, acertaram o pagamento combinado e se despediram. Quando poderia imaginar que viria a precisar dos seus préstimos em tão pouco tempo?

Eles conversam a respeito das pistas encontradas por Dom e em seguida seguem para a residência de Pilar. Uma vez ali, confirmações feitas, Fernando faz outras anotações de cunho profissional e convoca a presença de Carmem.

Faz-lhe algumas indagações que são respondidas de bom grado e entre lágrimas, temendo os riscos que sua boa amiga possa estar enfrentando.

Fernando agradece-lhe o concurso e requisita-lhe permissão, a fim de revê-la e falar-lhe outras vezes.

Carmem despede-se dos dois, comprometendo-se a procurá-los, caso recorde de mais algum detalhe que seja pertinente.

Regressando para casa, Dom decide fazer uma visita desafiadora a D. Hernandez. Irá à sua procura, supostamente para informá-lo sobre o novo desaparecimento de Pilar.

Frente a frente, estudar-lhe-á as reações. Talvez consiga descobrir algo, sem ignorar, contudo, que D. Hernandez não perderá a ocasião para provocá-lo.

Avisado da sua presença, D. Hernandez o recebe, feições endurecidas e ar displicente.

Não vê em Dom apenas um rival, mas um poderoso inimigo.

Assumindo o seu papel de farsante, ouve-lhe as

notícias. Encenando indignação e muito sofrimento, ele desaba teatralmente numa poltrona que lhe está próxima.

– Por todos os demônios, por que não me informaram antes? Além de parente da vítima, sou também o seu noivo...

Entre uma frase e outra, ele espicha o olhar caviloso, a fim de medir as expressões de Dom, que revela, por sua vez, indignação e revolta dificilmente contidas.

Dom analisou-lhe a farsa e os exageros, além das habituais bazófias. Por pouco, D. Hernandez não chegara às lágrimas.

Atreveu-se, contudo. Precisava saber:

– Terá, porventura, o senhor repetido a façanha? Da primeira vez, soubemos que Maria do Pilar fora transferida daquele hospital por seus cúmplices e sob as suas ordens.

D. Hernandez salta até onde Dom se encontra e bufa como um touro bravo na arena (Só lhe falta bater os cascos no chão em sinal de fúria).

Frente a frente com ele, revela o grande desejo de agredi-lo. Uma vez ali nos seus domínios senhoriais, pode alegar legítima defesa...

Por sua vez, Dom não arreda o pé e sofre-lhe a sombria e desagradável proximidade. Quase chega a lhe sentir o odor da respiração difícil e aquecida.

Ambos se enfrentam, extáticos, até que D. Hernandez, em silêncio, se afasta, revelando nas suas expressões e em todo o seu corpo bilioso a extrema dificuldade em controlar-se.

Senta-se ruidoso numa cadeira próxima e numa voz rouca e cavernosa desafia:

– Não faça acusações como estas, principalmente a mim, pessoa muito acima de você em todos os patamares da vida. Vá aos tribunais e prove aquilo que diz. Faça isso! Seja homem suficiente, e depois aguente firme aquilo que vier. A sua ousadia o faz esquecer que está na minha própria casa. Mas o que fazer? Como esperar da ralé um comportamento diferente? Ela e os porcos refocilam juntos e se locupletam em todos os sentidos.

O sangue de Dom ferve em borbulhas comburentes. Talvez nunca tenha precisado se conter tanto. Ah, se pudesse decidir ali mesmo tudo que sente contra ele! Suas mãos crispadas falam da sua imensa revolta.

Assim os fatos se desenrolaram e em poucos e pesados minutos, exigindo de Dom um controle absoluto. Apesar da sua extremada revolta, recordou em tempo a sábia observação de Maria do Pilar:

"Cuidado, Dom. Este homem possui uma alma feroz e cruel. Cuide-se para não vir a perecer em suas mãos. Não posso ficar sem você."

Por fim, encerrando num suspiro a sua 'brilhante atuação', D. Hernandez se levantou, deu alguns passos pela sala e em silêncio e sem cerimônia indicou-lhe a saída.

Dom saiu lentamente, passo a passo, nervos superexcitados e têmporas latejando...

Ainda se dirigindo à saída, embora contrariando o seu desejo de ficar e resolver de uma vez por todas a difícil situação, ouviu ainda mais uma das suas famosas 'tiradas', convidando-o para terçar armas com ele.

Hábil espadachim desde os verdes anos, proclamadamente imbatível, D. Hernandez declarou num olhar de serpente traiçoeira que 'apreciaria muito' descobrir qual dos dois sairia vencedor.

E, não de todo satisfeito, complementara em altos brados:

– Quem sabe eu conseguiria, enfim, livrar o mundo da sua presença inútil e perniciosa?

E ao encerrar o 'convite', entre uma baforada e outra de um charuto, desatou numa sinistra gargalhada, que repercutiu e se espalhou ganhando espaço.

Controlando-se bravamente, Dom negou-lhe o benefício de qualquer resposta e, enquanto se distanciava, ouviu para seu completo desagrado o ruído de uma 'generosa' cusparada de desprezo a orquestrar aquilo que se seguiu, fechando com inacreditável monólogo:

– Nem todos os homens nascem com nervos de aço. Ainda mais nos dias de hoje, quando se surpreendem pelas calçadas e esquinas de Madri almofadinhas a se movimentarem elegantes e refinados, como se fossem lindas moçoilas. Penso que a Espanha deveria expatriá-los todos para os confins do mundo, proibindo-os terminantemente de voltarem a pisar o chão desta bela e gloriosa pátria. Ah, quanta saudade de tempos melhores e mais viris!

Nesta declaração ostensiva e ofensiva, D. Hernandez pretendeu feri-lo nos seus brios de homem para conseguir, enfim, tirá-lo do seu caminho na ponta afiada de sua criminosa espada, tão sangrenta quanto o chão perenemente manchado de sangue nas arenas das tradicionais touradas.

Já nas ruas e ainda sob o efeito das palavras de D. Hernandez, Dom recorda quantas vezes Pilar em ocasiões semelhantes tomara o seu braço, amorosa, atraindo-lhe o olhar, a fim de fazer-se entendida, arrastando-o consigo, para saírem enfim e sem despedidas...

Se antes ele pudesse ter alguma dúvida quanto à culpa de D. Hernandez, ao sair de lá já estava seguro da sua implicação no desaparecimento de Pilar.

Em largas passadas e buscando um razoável equilíbrio, percorreu alguns quarteirões, antes de entrar no seu veículo, enquanto avaliava o grande desperdício de tempo e de energias no enfrentamento inútil e desgastante com o seu opositor e inimigo declarado.

Antes de ir para casa, passa no escritório do investigador Fernando, o investigador. Ali, decidem que para o momento o mais aconselhável será vigiar D. Hernandez, sem trégua nem descanso.

De volta à sua rotina, porém, ele se sente incapaz de se concentrar no que quer que seja.

"Os trâmites da investigação levarão ainda algum tempo... Esta ansiedade me atormenta" — pensa, angustiado e aflito.

Decide ir à igreja, na qual marcaram o casamento.

Sob a paz e o silêncio reinantes, ele reza aos céus, suplicando o retorno de sua amada.

Alguns minutos mais de orações, ele sai a caminhar; os seus passos repercutem fortemente no silêncio do ambiente impregnado de paz, de fé e de esperança.

Admira as belas obras de arte sacra expostas ali e a cada qual roga súplice por Pilar...

Ao sair, sente-se mais leve e mais fortalecido.

Aprendeu a rezar com o seu querido e saudoso amigo Estevão. Depois deste, vieram Castelita, Emos e Belizário, na confirmação insofismável de uma grandiosa verdade: o Criador cuida das suas criaturas.

Nesse mesmo instante, Pilar se surpreende desagradavelmente com mais uma visita de D. Hernandez.

Ele entra cheio de empáfia e vaidade.

— Salve, minha bela. Como está?

Vestira-se com apuro e fizera uso dos mais sofisticados perfumes.

— Feliz em me ver? – prossegue, ensaiando poses aqui e ali para ser admirado.

Voltando-se para ele, Pilar responde:

— Tão feliz que, ao ouvir o ruído dos seus passos, estremeci.

— Ora, ora, não é para tanto! — ele sabe e entendeu aquilo que ela quis dizer, mas disfarça.

Recuando e criando entre eles uma distância razoável, Pilar aguarda.

Ele a observa intencionalmente, enquanto passeia pelo ambiente na intenção de se exibir.

Pilar recorda que, ao denunciá-lo, fora submetida a flagrantes constrangimentos, ouvira chacotas e declarações absurdas, quanto ao fato de ser ela a proclamada e reconhecida noiva do acusado em toda Madri.

Percuciente, D. Hernandez adivinha-lhe desalentado o teor dos pensamentos.

Pigarreia e aproxima-se mais solícito e envolvente.

Furiosa, Pilar se afasta.

Pigarreando de novo e mais ruidoso que antes, D. Hernandez se afasta. Enfatuado, senta-se numa cadeira e ali permanece em silêncio.

"Quão digno de lástima é este meu parente!" – ela pensa.

"Quanta infelicidade ele carrega portas adentro do seu coração. Vivendo exclusivamente para si mesmo, sem reflexão alguma, nem problemas de consciência, a se debater infeliz numa cegueira voluntária e monstruosa..."

Numa visão ampliada dos passos e da figura de Pilar, D. Hernandez sente o sangue ferver. Se antes ansiava tão somente por possuí-la, agora se considera digno de um amor recém-descoberto.

Afastando-se mais, ela se dirige à biblioteca.

Ele vai atrás e avisa:

– Pare com este joguinho de caça e de caçador, quando lhe peço apenas um pouco de atenção.

– Quem sequestra, como fez, e trancafia não pede, se impõe. É deveras lamentável a constatação da sua tibieza moral.

D. Hernandez sente-se revirar por dentro, mas aparenta calma. Não quer pôr tudo a perder.

Com ela, há que se ter a consciência de uma personalidade forte. Por isso e muito mais é que a ama e deseja alucinadamente.

Abaixa a cabeça, fingindo-se ofendido e, quase a sussurrar, queixa-se:

– Me peça as estrelas e eu irei buscá-las. Você não se dá conta do poder que exerce sobre mim, Pilar? Veja a quanto me obriga este sentimento que me cega, a ponto de fazer o que faço. Por você e para tê-la eu serei capaz de tudo. Não conheço limites, quando quero e preciso de algo. Portanto, desista de me desafiar e se submeta à minha vontade, que aqui é soberana.

A cada frase que sai de sua boca, Pilar estremece de indignação. Ele não tem razão, nem direito, mas tem nas mãos um poder arbitrário e uma consciência embotada.

Senta-se, baixa a cabeça e reflete quanto à prudência de evitar tais enfrentamentos. Não deve levá-lo ao abismo dos seus limites.

Respira fundo, eleva os seus pensamentos a Deus e o inquire frontalmente, mas com relativa calma:

– Algum dia, pensou em indagar-me se o que deseja vem ao encontro da minha própria vontade?

Numa gargalhada estridente e sinistra, na qual se surpreende um grande nervosismo, ele responde:

– Eu sei aquilo que você deseja. Por favor, não desdenhe a minha inteligência.

– E até onde o senhor irá nessa empreitada tão louca quanto inútil?

Num sorriso triste, D. Hernandez, imperativo, articulando bem cada palavra, declara:

– Assim como deve ser. Até a vitória final ou... até a morte.

Aterrada, Pilar silencia.

– Ouça-me, peço-lhe... – ele insiste. – Quero abrir o meu coração e necessito de indulgência... Por tudo que mais ame...

De súbito, ele se remexe muito, incomodado com a

inadequação da própria oratória, e a ela não passou despercebida a sua reação.

Ciente da própria exposição, ele se afasta e sai.

Mais alguns minutos e regressa com um charuto aceso na mão. Senta-se e se delicia, a soltar grossas baforadas de fumaça que inundam o ambiente, envolvendo-o no aroma tão fortemente característico.

Visivelmente mais calmo, ele volta à carga:

— Se você soubesse quanto eu posso lhe oferecer! Veja, estamos ambos a perder um tempo precioso.

Pilar não responde. Cansou-se de argumentar com este homem que parece um monólito.

Incomodado com o seu mutismo, ele insiste:

— Fale comigo, minha querida. Ouça... Hoje, aqui, nesta oportunidade, eu lhe confesso o meu amor. Amor que me atirou à ventura de um sentimento que hoje reconheço, e ao mesmo ao báratro dos tormentos de um perene inferno, ao imaginar a minha vida sem você.

Pilar, muito incomodada com a sua bombástica declaração, se mantém em silêncio.

Incansável, e numa flagrante expectativa, ele prossegue:

— Enfim, aqui estou eu, D. Hernandez e Hernandez, completamente aturdido. Antes, apenas a paixão me dominava e agora, veja você, eis que o meu coração me tiraniza e me faz sofrer.

— Prove-me este amor.

— Como? Diga-me e o farei.

— Me libertando.

Fitando-a, frente a frente, ele retruca, enfático:

– Peça tudo aquilo que quiser, mas não espere que eu abra mão da minha única esperança de felicidade.

– E fala em amor? O que isto pode significar para o senhor e para todos aqueles que nunca o conheceram?

– Não seja tão impiedosa, minha cara... – ele roga, olhar suplicante.

Pilar respira fundo e desabafa:

– Quando usou de piedade com alguém e quando, neste coração feito de pedra, o amor esteve presente?

– Ainda me pergunta? E não é o que estou a lhe dizer? Eu me surpreendi amando-a. Só você possui a chave que abre as comportas de minha alma. Se jamais conheci o amor antes, agora ele me sufoca e me faz delirar, prelibando uma felicidade sem igual ao seu lado. Não consegue valorizar isso? Estou sendo sincero, acredite, e dê-me o devido valor! Me resgate deste caos que invadiu a minha alma, e que agora desconheço, fragilizada.

Mergulhado em suas emoções e recentes descobertas, D. Hernandez está sendo realmente franco. Suas declarações alcançam o coração de Maria do Pilar, enquanto ele prossegue nas suas revelações num evidente desespero de causa, como alguém que procura avidamente por uma tábua de salvação.

Cabisbaixo e visivelmente alquebrado, D. Hernandez parece murchar, quando revela algo que de certo modo a desconcerta:

– Meus pais, pobres infelizes, jamais me amaram. Apenas se dirigiam a mim quando desejavam me açoitar.

Ainda hoje, sofro pesadelos cruéis, com as dores lancinantes do chicote a lanhar-me o corpo, abrindo as feridas que me atormentavam e que até hoje carrego, em forma de cicatrizes. Nunca fui feliz, Pilar!

Volta-se para Pilar e a fita em evidente adoração.

E, num esforço revelador, ele tenta evitar, ao mesmo tempo em que se declara completamente submetido às próprias emoções.

— Você, Pilar, conseguiu ressuscitar o meu coração, que apesar de bater forte, parecia morto e enterrado no meu peito.

Silenciando, enfim, D. Hernandez pareceu ter chegado ao final do seu discurso, sem que Pilar pudesse entendê-lo de fato. Mais uma das suas encenações ou manifestações de sentimentos verdadeiros? Pilar optou pela segunda hipótese.

Conquanto prevenida, controla a emoção.

Buscando serenidade e medindo as palavras, ela lhe responde:

— Lamento sinceramente tudo aquilo que tenha sofrido em sua vida, D. Hernandez. Mas quase todos nós carregamos nas nossas histórias dores e tristezas, que nos desafiam a força e a coragem de que precisamos para seguir em frente. E, frequentemente, dentre as criaturas mais sofridas surgem os mais belos exemplos de força, coragem e fé na vida. Portanto, nada justifica os atos que vem cometendo, nem o egoísmo que tão fortemente o caracteriza.

Boquiaberto, ele indaga, pressuroso:

— Fala dos meus atos em relação a você?

— Também. Mas me refiro à sua habitual vilania. Aquele que governa com inteligência e sabedoria vai à fonte das experiências humanas, a fim de acertar mais e errar menos. E faltam-me palavras para falar sobre minha profunda indignação, quanto ao que está fazendo comigo. Não é assim que se conquista a afeição de quem quer que seja.

Remexendo-se, muito inquieto, D. Hernandez modifica as feições e volta ao que era antes, já completamente esquecido dos seus sentimentos, para continuar ameaçando:

– De um modo ou de outro, hei de lhe vencer as defesas! Desperte para a realidade que está vivendo e considere ao menos o meu esforço para entender a força do meu amor – ele bate estrondosamente no peito. Por você, minha cara, eu irei ao fim do mundo, se for preciso, e lutarei com todas as armas que forem necessárias.

– Lamento-o, pois perderá o seu tempo... A minha intuição me diz que, apesar de todas as suas más intenções, eu sobreviverei para ser feliz...

– Não me lamente. Abra o seu coração para mim e ser-lhe-ei eternamente grato. Não vê que estou aos seus pés?

– Não me interessam os seus delírios, nem as suas súplicas. Liberte-me e terei ao menos algum respeito à sua pessoa.

Cansado, D. Hernandez eleva a cabeça nevada, vira-lhe as costas e finalmente se vai.

Uma vez do lado de fora, toma das mãos dos seus cúmplices o molho de chaves e tranca a porta, mergulhado nas trevas dos seus negros pensamentos.

“Fosse outra e já teria recebido aquilo que faz por

merecer. Mas não... Você precisa antes de tudo de ser conquistada. Ainda hei de vê-la tão mansa quanto um gatinho, ronronando nos braços do seu dono."

Pilar, tendo ouvido as voltas que D. Hernandez dera na chave, cai num pranto convulso. Completamente sozinha, está à mercê daquele homem impulsivo e violento.

Enxuga as lágrimas, respira fundo, e faz mais uma vez uma fervorosa prece à Maria, mãe de Jesus.

– Minha Senhora, conceda-me a liberdade, por amor ao seu amado, Jesus. Perdoe-me a fraqueza e a falta de fé. Cuide, minha mãe, do meu querido Dom. Dê a ele forças e inspiração para me encontrar e me socorrer. Ele é a minha força na Terra, o meu amor e a minha esperança de ser feliz!

Após o extravasamento de suas tristezas, ainda banhada em lágrimas, levanta-se, apruma-se e conclui:

"Sei que Deus é justo, e que existem motivos para eu estar passando por tudo isso. Que eu seja digna e saiba me conduzir nesta triste circunstância, nebulosa e insegura... Hei de ter forças... Estou acostumada a enfrentar os desafios na minha profissão. Mas ouvir, entender e defender aquele que depende da lei não é nada parecido com esta situação, tão humilhante quanto desesperadora... Muito triste constatar que a dor do outro, ainda que nos toque bem de perto, não doa tanto quanto a nossa... Essa amarga experiência tem-me trazido inesperadas transformações íntimas. Sim, depois de tudo, sei que sairei melhor e mais sábia. A vida é o que ela é e nem sempre é aquilo que desejaríamos que ela fosse..."

Exausta, Pilar adormece, sentada na poltrona, para despertar horas depois. Ao levantar-se, estica o seu corpo e busca o leito para o descanso necessário.

Durante as horas de sono, tem sonhos que renovam a atmosfera e traz alegria ao seu coração.

Ao despertar pela manhã, a luz dourada do sol entra pelas frestas da janela.

Surpreende a camareira a preparar-lhe a primeira refeição do dia, entre um cântico e outro, todos religiosos. Dirige-se a ela e faz indagações, mas não obtém resposta. Se não a tivesse ouvido cantar, julgaria que ela fosse muda.

Mesa posta e repleta de iguarias, ela se vai.

Pilar passa aquele dia preenchendo as horas que se arrastam lentamente com boas leituras.

Na rica e vasta biblioteca, tem à sua disposição obras valiosas.

Engolfada nas leituras, ela foge em pensamento para longe da sua realidade presente.

Arrependimento quase tardio...

— Como vai, D. Hernandez? — Gabriel Aún Cortez comparece diante de D. Hernandez, a fim de lhe cobrar uma dívida.

De cenho carregado, D. Hernandez lhe responde com alguns monossílabos quase inaudíveis.

— Aqui estou, como lhe disse que o faria, e aguardo o cumprimento das promessas que me fez — responde o credor, ávido por receber o que lhe é de direito.

Acendendo um dos seus ricos charutos, D. Hernandez se senta e passa a soltar grossas baforadas.

Embora não tenha sido convidado, Gabriel se senta

também e aguarda algum posicionamento, a respeito dos fatos que envolvem os dois.

D. Hernandez parece distante, quando em verdade está a ruminar os próprios pensamentos.

– E então, meu amigo? O que me diz? Bem sabe o que vim fazer e o quanto espero da sua 'generosidade' – arrisca Gabriel, fazendo sua voz repercutir no ar solitária.

Habituado ao logro e aos conchavos, D. Hernandez se impõe, com sua habitual desconsideração aos compromissos e à vida daqueles que o cercam.

Silencioso, ele se levanta e, chamando um dos seus criados, ordena-lhe:

– Traga-me imediatamente a minha caixa de espadas!

– Sim, meu senhor!

Boquiaberto, Gabriel o fita em choque.

– O que pretende, D. Hernandez? Acaso estou a lhe cobrar algo que não mereço?!..."

Apressado, o criado regressa à sala, carregando um longo e luxuoso estojo de madeira vermelha envernizada, todo forrado com cetim dourado que acomoda duas primorosas obras de arte em forma de espadas longas e de pontas afiadas.

Pálido como cal, Gabriel aguarda explicação, enquanto teme o que está por vir.

D. Hernandez sorri envaidecido, diante dos ricos artefatos feitos para ferir e para matar:

– Veja, Gabriel. Aqui estão belíssimas peças de esgrima. Gostaria de versar armas comigo? Conheço a sua fama de exímio esgrimista. Desejo constatá-la. Acaso eu teria encontrado alguém tão hábil nesta 'arte' quanto eu?

— Ora, D. Hernandez... Eu jamais me atreveria a bater-me com o senhor — Gabriel encontra rapidamente uma justificativa para livrar-se daquele perigo iminente.

— Então, como se atreve a vir à minha casa e acusar-me de ser seu cúmplice e me cobrar por algo que sequer me recordo? É assim que se age hoje em dia, de maneira tão desrespeitosa para com os lídimos representantes deste país?

Gabriel sente a cabeça rodar pelos espaços daquela casa, na qual jamais deveria ter pisado... Num átimo de segundo, conclui sobre as verdadeiras intenções daquele homem tão grotesco e venal. Está seriamente comprometido com ele, acima de qualquer outra circunstância... Conhece as suas práticas ilícitas, sendo inúmeras vezes o seu braço a agir pelas sombras.

Por sua vez, D. Hernandez também sabe ao que Gabriel Aún Cortez se presta, quando o assunto é ganhar dinheiro de forma ilícita... De fato, é uma situação assaz perigosa...

Já arrependido de ter-lhe cobrado aquilo que ele lhe deve, anseia por sair o mais rápido que puder, dizendo:

— Ora, meu caro amigo, quando eu me atreveria a enfrentá-lo num duelo?... Manobro muito bem a pena e a oratória nos tribunais. Não, não quero perder a vida na ponta de uma destas 'belíssimas obras de arte'. Que tal me oferecer um destes seus charutos perfumados e deixarmos 'o dito pelo não dito'? Ora, fumemos juntos, como fazem os indígenas em sinal de paz.

— Posso então inferir deste seu discurso que nada lhe devo! — conclui impositivamente D. Hernandez.

— Sim, sim. Ora, ora, certamente me enganei quanto ao que me trouxe aqui. Peço-lhe humildes desculpas. Tenho tantas atribuições profissionais, que por vezes misturo 'alhos com bugalhos'.

Conquanto Gabriel aparente calma e bonomia, interiormente é um caos de revolta, ira e ódio.

D. Hernandez, por sua vez, sorri ironicamente.

Afasta-se silencioso e regressa com um charuto nas mãos, ofertando-o ao seu 'particular amigo'.

— Fumemos, então. Mas aconselho-o a cuidar melhor da 'sua memória', Gabriel Aún Cortez. Não quero mais vê-lo por aqui, principalmente com ideias tão estapafúrdias — sentencia D. Hernandez, com seu olhar de intensa ameaça.

Depois de fumar rapidamente o charuto, deixando-o pela metade, Gabriel se vai praguejando:

— Ninguém sobrevive à espada sangrenta de D. Hernandez, feita para matar gregos e troianos... Irra, que desta vez escapei.

Já na rua, ele respira ruidosamente e se vai a passos largos, rumo à própria vida tão semelhante quanto a de D. Hernandez...).

Aos poucos, ele desaparece nas ruas, determinado a nunca mais voltar ali, nem desafiar D. Hernandez, não como fez assim, tão de perto...

Odiento, vai recordando a gargalhada de deboche com a qual D. Hernandez 'musicou' a sua saída precipitada e, enquanto mastiga juras e maldições, promete a si mesmo se vingar.

Uma trevosa lembrança então lhe ocorre e, casquinando uma gargalhada, conclui:

"Ah, se ele soubesse quem mandou atropelar aquela que ele proclama aos quatro ventos como sendo sua noiva... Noiva dele ou não, ela é, sem perdão, minha ferrenha inimiga..."

Gabriel Aún Cortez gargalha tão incontrolado que precisa parar, a fim de respirar antes de prosseguir seu caminho tortuoso de serpente, peçonhenta e traiçoeira.

Em verdade, D. Hernandez desconfia sim, mas não deseja por ora se certificar...

Ao que veio...

CONDESCENDENTE, DOM REALIZA da melhor forma que consegue tudo o que julga necessário para ajudar aqueles que necessitam, ainda que nem tudo saia a contento, no campo saudável e sempre bem-vindo da filantropia.

Nada faz à espera de ressarcimento ou gratidão, mas, surpreendentemente quanto mais ele gasta os seus proventos, mais ele os vê crescer. Sob o camartelo de seus atos equivocados no passado (embora em tão pouca idade e empurrado pelas circunstâncias), ele se esforça, a fim de resgatar o tempo perdido. Entendeu o mecanismo da vida, como gigantesca oportunidade de se renovar e fazer melhores escolhas:

"Assim como aconteceu comigo, tantos outros pelejam, sem saber que rumo tomar e o que fazer da própria vida. Sinto a realidade de cada um, quando recordo as dores cruciantes e as carências intermináveis, numa vida sem leme e sem bússola. Não ignoro, porém, que nas trilhas sofridas de todos nós aparecem, não de improviso, 'as Castelitas, os Emos, os Estevãos e os Belizários' a apontar-nos o Norte. Benditos sejam aqueles que peregrinam neste, e noutros mundos semelhantes, a amparar, a fortalecer e a estimular a jornada redentora aos seus irmãos em humanidade. O quanto agradeço a todos eles que, abaixo do poder divino, têm me conduzido a porto seguro..."

Neste teor de pensamentos, ele ouve a voz de Emos:

– Minha simples vontade e atuação, Dom, não teriam bastado, se você não me ouvisse nem aceitasse os meus conselhos. A vontade é sempre soberana, a todos os filhos de Deus.

– Ah, mas quantas vezes eu ainda tenho fechado os meus ouvidos?! – responde grato e consciente da própria realidade.

– Mesmo assim, Dom, agradecido aos céus, louvo os seus esforços.

– Ah, meu grande amigo, sei da grande estrada ainda a percorrer. Estou muito longe da almejada perfeição!

– Mal saímos das trevas da ignorância, Dom. Estamos ainda muito distantes da verdadeira luz!

Um tanto precipitado e consciente dos seus arroubos, Dom retruca:

– Está certo. Perdoe-me as altas pretensões, meu bom amigo.

— Siga o seu caminho e exija cada vez mais de si mesmo. Fique em paz! — despede-se Emos.

Dom balança afirmativamente a cabeça, plenamente acordado com Emos.

Sentado ao ar livre e sob um sol luminoso, Dom observa os seus tutelados, entre sorrisos de estímulo e aprovação às diversas modalidades de esporte que estão a praticar. Dom pensa em Pilar e remete a ela toda beleza e luminosidade de que no momento desfruta, num trabalho árduo e repleto de esperança, visando à construção de um mundo novo e melhor para todos.

"Disto depende o sucesso ou o fracasso das futuras gerações!" – afirma para si, enquanto lembra-se, muito incomodado, da ausência de Pilar, que o acompanha quase sempre nestes exercícios de cidadania e de solidariedade.

Inclina-se, olha os próprios pés e reflete sobre a ausência involuntária de Pilar.

Sem conseguir conter as lágrimas, elas escorrem e caem sobre o verniz dos seus sapatos. Suspende a cabeça, observa os jogos e as crianças que se destacam, enquanto sorri, encantado com a coragem e a determinação de Flora, a neta de Senhorinha, que se destaca em quase todos os embates esportivos.

Ao passar por ele, com o brilho do suor das suas faces rosadas, pelo esforço físico, ela lhe dirige um largo sorriso.

Retribuindo-lhe o sorriso, Dom fita o azul luminoso do céu e roga por esta criança feliz, por sua amada Pilar, por si mesmo e por todos os seus ex-companheiros de desajuste moral...

Somente Deus pode cuidar de tudo e de todos...

Mais um dia...

CABELOS ARRANJADOS NO topo da cabeça, Pilar enfrenta mais um dia, sem saber como serão as próximas horas.

Suspeita alguma proximidade da residência principal de D. Hernandez. Afinal, ele parece muito à vontade e a cavaleiro de tudo aquilo que ali se desenrola no dia a dia.

Corajosa, tem se esforçado para manter-se bem, ainda que entre oscilações de esperança, tristeza e desânimo...

D. Hernandez, incansável, lhe impõe a sua presença ameaçadora. Ele não arrefece o ânimo na intenção de conquistá-la, e por isso lhe tem impingido não raras vezes situações extremamente vexatórias e desestabilizadoras.

Aqueles que têm a função de servi-la parecem mudos e surdos.

À porta, sentinelas se revezam dia e noite. Nas tentativas que fizera para sair, fora barrada, para ouvir ameaças e remoques de homens rudes e desrespeitosos.

Na parede, o relógio, arrastando-se em seu ruído, marca incansavelmente as horas e os minutos, que por vezes lhe roubam o sono, difícil de conciliar, ante a exaustiva vigilância na qual vive.

Talvez nunca tenha rezado tanto em sua vida. Acredita que, segundo as leis perfeitas do Altíssimo, ela e Dom estejam submetidos a uma grande prova.

"Quando, enfim, eu me casar com Dom, quando tivermos filhos. Quando os anos dobarem sobre as nossas cabeças, e olharmos para trás, enxergando nossa caminhada de muito amor, coragem, cumplicidade, gratidão à vida, recordaremos estes tempos de desafios, no sublime roteiro de progresso das nossas almas ainda incipientes, mas intensamente unidas, num amor tão grande e belo. Certamente esta união só pode ter vindo de muito longe na esteira do tempo" – pensa, enlevada e saudosa.

"Assim é a vida, Pilar. Quanto mais crescemos, mais desejamos crescer intelectual e moralmente" – recorda uma das frases de Dom. O seu Dom, criatura excelente, experimentada na vida e no sofrimento.

"Qualquer dia destes, meu amado, estaremos novamente juntos, mais fortes, mais conscientes e mais amadurecidos – reflete Pilar, levando as mãos ao peito, procurando controlar o choro que vem carregado de emoção e saudade...

Enxuga as lágrimas e procura se fortalecer.

O jardim e a horta

Como faz todas as manhãs de domingo, o Dr. Reginaldo Flores cuida, zeloso, dos seus, jardim e horta.

No jardim, ele conversa com as flores, aspirando-lhes os perfumes, e acariciando-as como se o fizesse a um bichinho de estimação; afofa a terra e lhes acrescenta os nutrientes de que precisam.

Dali ele se dirige à horta, tomando igualmente as providências. Deste pequeno espaço saem alguns dos medicamentos para as suas necessidades mais simples, e temperos domésticos que alegram em muito o seu paladar.

Estas duas atividades lhe são extremamente gratificantes ao coração e à mente, cansada do intenso labor profissional, assim como tantos médicos e suas equipes pelo mundo afora, que frequentemente trabalham em situações limites.

Vezes sem conta, imagina-se num campo de guerra, frente às grandes dificuldades que enfrenta. Mas encontra sempre forças para surpreender os pacientes fragilizados, concedendo-lhes a atenção que requisitam e acalmando-lhes os ânimos... Neles, quase sempre as dores da alma; aquelas que, provavelmente, atirou-os ali, na urgente necessidade de socorro médico e à espera de compreensão.

Agora, vamos surpreendê-lo, não apenas como jardineiro, mas como um grande pensador:

"As guerras... Estas têm levado tantos a dores e sofrimentos inaudíveis, além do número de óbitos que, ainda que não represente a verdade, exibe ao mundo os resultados das confrontações humanas, quando, sob os fogos de artilharia e a violência das baionetas, soldados investem contra os seus semelhantes, embora, assim não o desejassem... Por certo, cada um deles remete as suas lembranças para longe, muito longe, onde estão aqueles que amam e dos quais sentem a falta angustiante!..."

Fitando os céus, ele reafirma sua rejeição:

"E, além das trágicas consequências do corpo a corpo, das explosões das bombas e de toda a sorte de perigos que são obrigados a enfrentar, muitos ali enterrando suas vidas cheias de sonhos, quantos mutilados ou mentalmente desequilibrados não deixam as guerras, incapacitados do regresso normal à vida, numa difícil reintegração social...

Abomino as guerras (fratricidas, sempre!), que lançam homens, mulheres, crianças, a própria natureza no fragor das batalhas; como soldados empurrados a ela, ou os próprios habitantes, submetidos ao fogo cruzado sem que tenham sido ao menos preparados ou protegidos para isso, atirados, todos, num desespero enlouquecedor! Somente aqueles que, assim como eu, um dia ali já estiveram podem avaliar de fato o que significa uma guerra!"

Envolvido em seus pensamentos e em suas amorosas tertúlias voltadas ao mundo dos vegetais, o bom doutor tece também divertidos monólogos com o reino animal. Retendo em suas mãos um bocado de minhocas, a fim de realocá-las em outros canteiros, fala-lhes, sorridente:

– O que seria da nossa pequenina Terra sem a presença oportuna de vocês, minhas amiguinhas? Cada ser, por mais ínfimo que possa nos parecer, tem a sua função no grande reino do Criador. Precisamos compreender e respeitar cada uma delas.

Enquanto ele cumpre o seu desiderato de aliviar a mente e o coração, ouve palmas no seu portão.

Limpa, cuidadoso, as mãos, e vai atender, para se surpreender com a presença de seu bom amigo, Dom.

– Ora, ora, eu sabia que você viria! Pressenti desde cedo! – ele exclama, entre largos sorrisos a abraçá-lo.

– Saudações, grande e querido amigo! – Dom lhe responde, no mesmo tom de alegria fraterna.

– Entre, entre, vamos... Acabei agora mesmo de cuidar das minhas plantas. E você, como está?

Num sorriso triste, Dom lhe responde:

– As novas não são boas, meu amigo...

De dentro da cozinha chegam os sons de uma voz feminina, cantando românticas canções madrilenas, nos seus volteios e cantares doridos, remetendo os pensamentos às paixões mouriscas, ainda tão presentes nas terras espanholas...

Dom apura os ouvidos, enlevado, lembrando que aquelas melodias são muito do agrado de Pilar. Emociona-se.

Enquanto se interioriza, ele ouve:

— Doutor Reginaldo, o seu café já está na mesa. E hoje fiz as guloseimas que sei que o senhor gosta.

Dirigindo-se à cozinha, o doutor agradece e pede:

— Por favor, Senhorinha, ponha outra xícara na mesa. Temos visita!

Ela surge à porta e reconhece Dom.

Enquanto eles entram, ela recorda o seu querido hospital e as circunstâncias que a levaram a sair de lá, assim como o doutor Reginaldo...

Saudando-a respeitosamente, Dom se senta à mesa.

— Hoje, na ausência daquela que aqui cuida de tudo, vim visitar e auxiliar o nosso bom doutor!

— Muito bom vê-la, senhora. Jamais serei suficientemente grato por tudo aquilo que fez por mim e por Pilar.

— Esqueça, meu filho. Cumpri somente o meu dever. Mas, diga-me, como ela está e por que não veio com você?

Dom baixa a cabeça e por instantes vacila...

— Adivinho-lhe as notícias, Dom, e suspeito que a tristeza que vejo nos seus olhos deve ter motivos muito graves — exclama o doutor Reginaldo.

– Sim, assim é... – ele confirma.

– Diga-nos, o que houve?

Com grande dificuldade, para controlar-se, Dom declara:

– Pilar desapareceu de novo. Vocês nem podem imaginar o quanto tenho sofrido!

Espantadíssimos, o bom doutor e Senhorinha se entreolham.

Dom remexe-se desconfortável e afasta a xícara de café fumegante que tem à sua frente.

– Quando e como isto aconteceu? Já foi à polícia? Tem alguma pista?

– Meus bons amigos, mais uma vez vivencio uma situação absolutamente sem sentido. Faz alguns dias, Pilar desapareceu. Eu e meu amigo investigador encontramos algumas pistas no seu jardim e no seu quintal, mas, por enquanto, de nada nos valeram. Quem fez o que fez usou, como sempre, mãos e pés alheios...

– Devo inferir que o amigo suspeita de D. Hernandez? – indaga-lhe o doutor, espantadíssimo, arregalando os seus bondosos olhos esverdeados.

– Sim, sim. Quem senão ele se atreveria a tanto e em tão curto espaço de tempo? Conhecemos de longa data o seu interesse obsessivo por Pilar. Isto já virou doença, meus amigos. Este homem não regula bem do juízo. Se é que o tem.

– Tem razão, Dom. E quanto às investigações?

– As barreiras são muitas, como podem imaginar... Logo agora, que estávamos a concluir os nossos projetos de casamento. Parece-me que aquele homem farejou--nos as intenções.

— Faz sentido... — Senhorinha sussurra.

— Fui vê-lo — prossegue Dom — supostamente para informá-lo do desaparecimento de Pilar.

— E daí?... — indagam ansiosos os dois.

— Recebeu-me contrariado e arrogante como de hábito. Ao ouvir-me, montou uma farsa na qual nada faltou, das lágrimas a uma desprezível pantomima, notável histrião que é.

— E você? — insiste o doutor.

— Não acreditei, embora ele tivesse se esforçado muito para despistar. Tenho certeza de que ela está mais uma vez sob o seu abominável poder. Mas onde? Já batemos todos os seus endereços possíveis e imagináveis. Ele não seria tolo de levá-la novamente para a sua quinta. Ainda assim, fomos até lá para voltarmos mais uma vez decepcionados.

Dom faz uma pausa, recupera a xícara e ensaia beber, quando Senhorinha delicadamente a toma das suas mãos e troca o café já frio por outro mais quente.

Depois de bebê-lo, Dom respira fundo e olha para fora, silencioso e introspectivo.

Alguns instantes mais, ele quebra o silêncio:

— É desesperador este sentimento de impotência, diante de um cérebro maquiavélico como o dele. Quase não consigo dormir, nem me alimentar...

O doutor observa-lhe contristado o notável abatimento físico.

— Embora suspeite dele, sabemos todos que não é

fácil provar-lhe o envolvimento! – doutor Reginaldo exclama indignado.

– Como provar? Ele urde uma rede tão poderosa de crimes que se torna quase impossível enquadrá-lo na lei.

– E o que o mantém de pé, meu amigo? – doutor Reginaldo quer saber.

– Sem dúvida, além da fé em Deus e a esperança de revê-la em breve, o meu trabalho filantrópico, junto aos tutelados da nossa instituição. Tal atividade me faz muito feliz, vendo as crianças e os jovens tendo oportunidades e acolhimento muito diferente do que me foi possível. Além disso, o meu trabalho profissional me exige redobrada atenção no mercado financeiro. Mantenho os olhos e os ouvidos bem abertos! Disso depende quase tudo!

Dito isso, Dom se levanta e sai para respirar, silencioso, alquebrado...

Senhorinha vai até ele e indaga:

– Posso lhe dar um abraço, meu amigo? Ou melhor, posso lhe dar dois abraços? Um meu e outro da minha querida neta, Flora, que lhe agradece todas as noites, em forma de oração, aos céus, pelos benefícios que recebe da sua Instituição Filantrópica, que além de auxiliá-la com recursos financeiros, abraça-a entre os seus alunos para a complementação dos seus estudos?

Comovido, Dom quase não contém o pranto.

Num débil sorriso, declara:

– E qual o mortal, tão insensível, para dispensar este carinho; tanto da senhora, amiga da verdade e do bem, quanto de sua neta, menina adorável e sempre disposta a auxiliar a quantos se acercam dela?!... Que venham esses benditos abraços, pois, necessito, muito, deles!

Por fim, aconchegado, entre os braços maternais de Senhorinha, ele explode em soluços.

Senhorinha, por sua vez, também não se contém e chora baixinho...

Dr. Reginaldo disfarça a emoção que o invade, e olhando ao redor, convida-os:

– Ora, ora, as rosquinhas saborosas estão a nossa espera! Venham, venham! Sentem-se e comam! Afinal, esta é uma das boas coisas da vida, mormente, hoje, quando, temos as mãos competentes de Senhorinha no forno e no fogão!

Dom comenta:

– É verdade... A comida nos traz satisfação e refazimento, físicos e psicológicos... Mas, quantos, meus bons amigos, ainda não têm acesso a esta providência, tão elementar e por vezes tão urgente?! Quantos, enlouquecidos pela fome, que lhes devora o estômago, corroendo-o de dor, fazem uso de artifícios e sacrifícios inimagináveis para obtê-los?

Enquanto, isso, aqueles que tudo possuem de bom, e até do supérfluo – inconscientes e inconsequentes – atiram fora alimentos ricos e abundantes que poderiam ser bem aproveitados por aqueles que em desespero, vezes sem conta, alimentam-se simplesmente dos restos que encontram no lixo!

Enquanto o doutor e Senhorinha ouvem e se sensibilizam, ele respira fundo e senta-se, novamente, à mesa.

Senhorinha apanha a jarra de café e o serve mais uma vez:

– Bem, bem, não vamos contaminar os nossos alimentos com as nossas tristezas, sim?

E, enquanto divide com eles o prazer de saborear as guloseimas, ela conta-lhes alguns fatos divertidos, frutos das suas experiências no campo da enfermagem, a fim de desanuviar o ambiente.

Assim, as horas correm entre boas conversas e as notícias de Dom.

Quando percebem, o dia já se encaminha para o fim.

O sol se põe e Senhorinha decide regressar:

– Flora foi com os seus colegas de escola fazer um passeio no Parque Florestal e já deve estar voltando – ela declara, apressando-se.

Dom se propõe a levá-la. Ela aceita e agradece.

Despedindo-se dos dois num amplexo fraterno, o doutor se interna em casa, a fim de descansar. O dia seguinte será repleto de trabalho no hospital, onde cada vez mais ele se sensibiliza com as verdadeiras dores de seus pacientes. Tem observado muito sobre o quanto a resignação, a fé e o otimismo têm favorecido as melhores disposições de seus pacientes e o sucesso nos tratamentos.

Nos seus limites...

D. Hernandez caminha desarvorado de cá para lá muito incomodado com os resultados decepcionantes da sua nova empreitada.

De onde se encontra, ele divisa a uma regular distância os cumes do telhado do pavilhão de caça de sua propriedade, no qual se encontra a sua prisioneira.

Deseja obsessivamente lhe vencer as reservas.

"Hei de dobrá-la! Ela não tem o direito de me rejeitar, como vem fazendo."

E, enquanto assim pensa, acende mais um dos seus ricos charutos. Baforadas fortes e densas inundam o ambiente, enquanto procura alívio para o seu desespero.

"Ela é fiel aos seus princípios. Quando decide vai até

o fim, impondo-se e fazendo-se respeitar. Ainda que se convença do meu amor, jamais se curvará à minha vontade, eu sei. Este fato, além de me desesperar, me enche de gozo por amar esta mulher... Reconhecê-la naquilo que ela possui de melhor e de mais admirável me faz refém deste sentimento avassalador, que aos poucos me submete. Eu que sempre desdenhei do amor, dizendo-o ser para os fracos e os simplórios, hoje me vejo enredado nas mesmas malhas desta teia que prende para nunca mais libertar. Mas, não, minha pombinha, você não me escapará... Pelos céus que você reverencia ou pelos temidos infernos, você me pertencerá de um modo ou de outro. Minha cabeça nevada e o meu corpo que já se inclina para a terra anseiam por você. Sim. Eu farei desta última etapa de vida um riquíssimo e glorioso *grand finale*."

Arrastando raivoso os pés e cuspindo várias vezes no chão, D. Hernandez revela em seu pleno solilóquio o enorme descalabro das suas intenções.

Ansioso e irrequieto, levanta-se e caminha sem rumo, para retornar ao mesmo ponto de partida. Atira ao lixo charutos quase inteiros, acendendo outros em seguida, numa visível instabilidade emocional.

Desastrado, vai de encontro aos móveis e esbarra em tudo que o cerca, proferindo pragas e blasfêmias.

Pela primeira vez, D. Hernandez enfrenta um obstáculo maior e mais poderoso que a sua famosa competência.

"Maria do Pilar não me desafie tanto! Os meus limites, se é que os tenho, são muito estreitos. Sou um vulcão em erupção, um maremoto arrasador. Portanto, seja mais inteligente e curve-se à minha inquestionável vontade."

Entre estes e outros pensamentos de igual teor, ele passa o dia colhendo informações a respeito de Pilar e cobrando responsabilidades daqueles que a servem e vigiam.

Não se aventurou a ir vê-la. Precisa de tempo...

Ingere alguns tranquilizantes e se deita.

Enquanto isso, Pilar repete exaustivamente as mesmas rotinas de cada dia, tendo em seu coração a confiança de que tudo passará. Cada vez mais encontra em suas orações o mecanismo para se fortalecer, para entrar em comunhão com o Criador e entender a perfeição e suas leis, que sempre nos concede oportunidade de amadurecimento.

"Preciso entender tudo isso e evitar o ódio. Este sim me fragilizará. Ei hei de ter forças para entender e perdoar!"

O inesperado acontece

HOJE DOM DESPERTOU desesperançado, revolvendo-se entre os lençóis. Não consegue se levantar e permanece no leito à espera de algo que ignora.

Fernando já conseguiu levantar algumas pistas valiosas. Mas, apesar de tudo, continua sem saber o paradeiro de Pilar, que distante dali emagrece a olhos vistos. Escravo de seus sentimentos ainda tão comezinhos, D. Hernandez diz que a ama e se desespera, conquanto mais pareça sentir prazer em atormentá-la.

Dia a dia, Pilar está mais introspectiva, silente. Já vão distantes os dias em que ainda discutia acaloradamente com D. Hernandez. Quando ele aparece, ela se fecha, cerra os olhos e pede em oração por ele. Possesso, ele se revolta e enumera as suas qualidades, como alguém que tudo faz por ela e nada recebe em troca.

Pilar ainda se cuida, mas naquilo que considera indispensável, principalmente o alimentar-se frugalmente. Enfraquecida e interiorizada, passa os dias cada vez mais distante da realidade que a oprime.

Ante os ruídos da chave na fechadura e da porta se abrindo, invariavelmente estremece.

D. Hernandez conclui acertadamente que neste ritmo ela adoecerá.

Admirando-a, neste momento, ele faz um balanço amoroso da própria vida.

"Que triste fado me acompanha para conviver com mulheres neuróticas? Por mais que eu faça, aquelas que me têm conquistado se inclinam invariavelmente para o lado mais obscuro? E você, minha querida Pilar, (oh, eu pressinto...) já se aproxima da linha sutil que separa a razão da insanidade. Que espécie de vaticínio os gênios do mal lançaram sobre a minha cabeça?... Tantos outros são felizes, enquanto que a mim cabe tão somente sofrer e sofrer. Eis que me defronto mais uma vez com injustiça, invídias e dor... Por que os deuses se viraram contra mim? Eu, D. Esteban Hernandez e Hernandez, incompreensivelmente, sofrendo e implorando pelo amor de uma mulher... E por que esta mulher que me leva às raias da loucura não acredita neste sentimento louco e tirano que se albergou no meu coração, a me sufocar e me impedir de viver em paz? Estarei também transpondo a barreira entre o equilíbrio mental e a loucura?

Por vezes, sinto ganas de livrar o mundo das nossas presenças e acabar de vez com tudo. Se eu me for, ela irá comigo. Não a deixarei para fazer feliz aquele parvo inútil, aquela erva daninha. Oh, sorte madrasta! Quando poderei colher os frutos dos meus esforços? Valor e ousadia nunca me faltaram."

Enquanto analisa a própria situação, ele tira dos seus charutos volutas de fumaça odorante que enche os ares, incomodando Maria do Pilar, que ali recostada finge dormir. Profundamente interiorizada, sua percepção da realidade aos poucos se enfraquece... Pensa nas diferentes tragédias humanas que a levam como profissional às barras dos tribunais, onde, primando pela ética, trabalha com orgulho do que faz.

Nesta situação, se bem sinta desejos de entregar-se a inércia, evita o confronto com D. Hernandez.

Quando sozinha, lê intensamente e reza fervorosamente... Sente saudades da sua vida e não poucas vezes se entrega ao pranto.

"Meu Dom, embora a situação que nos envolve no momento, eu sei que a divina Providência jamais nos faltou e jamais nos faltará..."

Enquanto isso, ali ao seu lado e imbuído de muita revolta, D. Hernandez sofre as agruras de um ciúme feroz. Sua alma é um caos. Almeja loucamente se impor, dominar-lhe os sentidos para torná-la sua, tão somente sua. E quem poderá impedi-lo? "Quem se atreveria?" – ele pensa revoltado e a fumar, num ritmo cada vez mais intenso.

Maria do Pilar tem o dom de desarmá-lo e o faz de

maneira tão imperiosa que ele chega a sentir vergonha de si mesmo.

Apesar da aparente fragilidade, Pilar enfrenta-o de peito aberto e desarma-o moralmente, frustrando-lhe as intenções.

Num sombrio solilóquio, D. Hernandez analisa o próprio comportamento:

"Ora, ora, por quem sois, D. Esteban Hernandez e Hernandez. A quantos o senhor já dominou, tirou do mundo, dos seus negócios, suas posições? Àqueles que o desafiam, o revide e a vingança. Não tem sido sempre assim?..."

Fazendo um breve hiato, reflete melhor:

"Mas, aqui e agora, num tempo já exíguo e urgente, estou a braços com esta mulher que parece dominar não apenas o meu coração, mas a minha razão e o meu destino. Neste ritmo, findarei os meus dias, sem a sua adorável e apaixonante presença. Quero esta mulher para mim e a terei. Eu juro."

Fazendo uma grande carranca, conclui, num profundo desalento:

"Mas apesar dos meus esforços ela me abomina. Por que não acredita quando lhe falo de amor? Por que foge de mim e perde tempo, pensando naquele rascunho de homem? Quantas indagações dentro de minha alma! Hum... terei alma ou apenas os instintos me movem? Nunca avaliei estas coisas... Refletir fica bem para os néscios. Arre, que neste ritmo de avaliações, deprecio tão somente a mim mesmo. Este amor está me desequilibrando... Isto é tão claro como um dia de sol madrileno."

Finalmente decepcionado, D. Hernandez decide sair dali.

Antes, acerca-se de Pilar, que estremece ligeiramente, sentindo a sua proximidade.

Absorve-se na contemplação reverente de sua incontestável beleza e sedução enquanto, conclui amargurado:

"Criei uma armadilha em que eu mesmo caí ..."

Passa as mãos sobre a cabeleira prateada e desce-as pelo rosto, revoltado. Apruma-se, respira forte, descarta os restos do charuto, fita mais uma vez a figura de Pilar, aparentemente adormecida, e precipita-se em direção à porta, batendo-a com estrépito ao sair.

Pilar se assusta, enquanto ele tenta fugir de si mesmo e da situação incontrolável, na qual se precipitou por gosto e vontade:

"Ela se deixará morrer, eu sei... Sem a liberdade que tanto preza, sem a luz do sol e sem alegria, ela se acabará tal qual a vela quando chega a termo o pavio... De onde vêm essa força e determinação de Pilar? Sinto-me naufragar, enlouquecer..."

D. Hernandez sente baquear a sua consciência e reluta, ao sentir-se interiormente tão mexido.

"Eu fraquejar? Nunca fui disso... O que está acontecendo? Mudar? Eu não! Sou o que sou. Viverei ou morrerei por você, Maria do Pilar. Este, o meu estandarte de guerra ou de paz" – reage.

Mas não demora a sentir-lhe os seus olhos umedecerem, em resposta ao sentimento que lhe aflora. Arrependimento?

Apressa-se e se dirige aos seus aposentos, onde dá vazão ao que sente. Fundas cicatrizes de dor e de revolta estão fortemente marcadas em sua alma. Nunca se sentira assim, entre a revolta e a vontade de voltar atrás. Mas conclui: Não há mais tempo para se redimir.

Seriam necessários séculos para uma desejável transformação moral... De uma transformação semelhante vem aquele que ousou aproximar-se dela para conquistá-la como fez.

Desgastado emocionalmente, D. Hernandez cai num sono profundo. Ao se desligar, se surpreende, em espírito, frágil, pequenino e nos braços de uma luminosa entidade, que se dirigindo a ele diz:

"Enfim, você revela algumas mudanças! Nunca duvidei que o verdadeiro amor viesse a transformá-lo. A partir de então, você estará mais aberto às coisas da alma! Não menospreze a divina chance que, ora, o alcança! Regressando ao corpo – este que já não tem mais o tempo que você gostaria – faça aquilo que deve fazer, e beneficie, enfim, aquela que diz amar!"

Lágrimas abundantes a se derramarem sobre os seus luxuosos trajes, D. Hernandez desperta, estremunhando. Olha ao redor, temeroso de que alguém possa surpreendê-lo, e num curioso seguimento, ele ouve batidas, insistentes, na porta. Se recompõe rapidamente e vai atender.

Abre a porta e se depara com um dos seus empregados a carregar Maria do Pilar, pálida e imóvel, como uma estátua de cera.

– D. Hernandez, ela parece morta! – exclama o homem, trêmulo e descontrolado.

– O que houve, afinal?

– Ouvimos um grande barulho e corremos para dentro. Ali, surpreendemos a senhorita estendida no chão, ao lado de uma das escadas da biblioteca. Ela deve ter caído lá do alto.

Recebendo-a nos braços, cuidadoso ele exclama:

– Oh, Pilar, que estupidez!

– Provavelmente enfraquecida, ela teve alguma vertigem e despencou de lá de cima, meu senhor.

– Sim, sim... – ele fita Pilar, tentando atinar para o que fazer.

Respondendo à própria indagação, ordena:

– Não há tempo a perder. Tire o carro e vamos levá-la ao hospital já! – grita, atemorizando o criado, que se apressa e sai a correr.

Atrás, D. Hernandez o segue, a passos largos com Maria do Pilar nos braços, questionando a própria vida.

"De que me valerá você morta? Para quê eu tenho lutado? Ficar sem você, sem a sua presença? Jamais! Sem o seu amor, serei um espectro a se arrastar neste mundo. Dê-me um tempo, minha querida, e fique comigo."

Enquanto D. Hernandez se envolve a carregar o querido fardo, o corpo se lhe estremece e o seu coração se agita em pânico. Alcança, enfim, o veículo e a deposita, cuidadoso, no banco de trás, a concluir amargamente:

"Estivesse ela desperta e capaz, jamais me permitiria tal proximidade." – Esta certeza lhe traz uma dor quase física.

Olha as ruas e as pessoas agitadas, em busca de seus próprios interesses...

Em tal situação, porém, tudo e todos lhes parecem simplesmente pinceladas confusas e borradas de estranhos clichês, sem cores definidas e sem sentido. Imagina-se num pesadelo, do qual anseia despertar. Olha para trás e surpreende Pilar imóvel e pálida como uma escultura em mármore.

"Ainda que nesta situação de total fragilidade, ela me diria que acima de todas as circunstâncias, a criatura humana conta, acima de tudo, com a Providência divina! Ah, Pilar, Pilar! Por que tinha eu de conhecê-la? E mais que isso — amar você, assim...?"

Sorrindo, algo desencantado e triste, ele aposta:

"Com você eu serei um homem melhor, segundo a sua vontade e apreciação, mas não se vá! Sem você, eu não sobreviverei!"

Virando-se várias vezes para trás, enquanto o veículo percorre as ruas, ele se desespera:

— Pare! Pare! Um momento!... — grita.

Desce do veículo e abre a porta traseira. Entra e lhe examina os sinais vitais. Pilar respira debilmente. Suas veias latejam e seu corpo estremece como se estivesse exposto ao frio. D. Hernandez tira o seu luxuoso casaco forrado de cetim e a envolve, providencialmente.

Retorna ao seu lugar e dá ordem de partida, envolvido ainda nos seus conflitos:

"Assim como eu soube ser venal, poderei aprender a ser melhor, e numa admirável conversão, eu lhe surpreenderei, Pilar! E, enfim, você não me rejeitaria mais!"

Cerrando os punhos, ele desafia em pensamento:

"Eis aí, Dom Carlos Lupe de Medrado, o nosso duelo.

Não verbal, nem de espadas, como desejei tantas vezes frustrado, sempre por sua covardia. Enfim, ela há de me apreciar a coragem e a obstinação para ser aquilo que ela admira num homem. E, quando eu lhe confessar que devo tudo tão somente a ela, se dobrará ao meu inquestionável amor... Quanto a você, bem posso imaginá-lo nos seus últimos suspiros, como o touro que cai exangue na arena sangrenta ao final de um espetáculo tão grandioso quanto fascinante."

Nestes pensares, D. Hernandez sorri satisfeito, escandalizando aquele que o acompanha no socorro à Pilar, "Vou lhe mostrar, Pilar, de que maneira um verdadeiro homem (assim ele se vê) conquista uma mulher..."

Enfim, chegam ao hospital e ele se surpreende em choque com a presença de seu velho conhecido, o doutor Reginaldo Flores. Este, por sua vez, boquiaberto, imagina-se num curioso *dèjá vu*.

"Meu Deus, o tempo terá parado ou estou a delirar? O que fazem aqui neste hospital Maria do Pilar e D. Hernandez? E por que ela se encontra mais uma vez nestas tristes condições?..."

Antes que se recobre, porém, ouve a voz de D. Hernandez que, ansioso, requisita:

– Ajude-me, doutor Reginaldo. Por azares da vida ou por sorte, Maria do Pilar precisa mais uma vez do seu socorro.

– Sim, sim... – responde o médico sem maiores indagações, que para o momento são perfeitamente dispensáveis.

Extremamente hábil, ele expede ordens, enquanto

Maria do Pilar é removida para uma das enfermarias.

Ao vê-la desaparecer ao longo dos corredores, e na impossibilidade de acompanhá-la, D. Hernandez desaba num dos bancos de espera e se abate, corpo a tremer, numa dolorosa expectativa.

Controlando-se, por fim, levanta-se:

O seu criado, a observá-lo, espanta-se boquiaberto, quando o surpreende a procurar uma capela, um santuário, um lugar de oração.

"Assim ela faria... Assim eu farei..." – ele pensa, indiferente àquilo que qualquer outro possa pensar dele, figura proeminente e amplamente conhecida.

Seu criado, vacilante, segue-o e não se recorda quando em algum dia de sua própria vida entrara num ambiente assim de religiosidade e de fé.

"Talvez na minha infância, levado pela mão de minha querida tia Lucíola... Quanta saudade dela e daquele tempo! Sinto-me bem aqui dentro. Este silêncio me acalma e estas estátuas de santos me remetem a um passado tão antigo e tão bom... Mas e quanto àquilo que veio depois? Nem gosto de lembrar. Rolei pelas ruas como pedra nas águas do rio, e assim tenho vivido, sem saber o que devo ou não fazer, quando ou como parar, antes que 'aquela' – a da foice recurva e afiada – venha para me ceifar o fio da existência. Sim, eu sei, num dia pior que todos os outros, alguém me acertará. Não tenho futuro. Quando os meus filhos descobrirão que o pão que comem é fruto de uma vida criminosa? Para que entrei aqui? Preciso sair."

Ele se levanta, ajoelha-se no meio da igrejinha, fazendo um arremedo de sinal da cruz, e sai quase correndo, sem olhar para trás.

"Aguardarei do lado de fora... Embora a extremada culpa que carrego dentro da alma, e que me impede de falar com Deus, hauri uma pequena parcela de paz, nestes breves minutos..."

Imbuído destes e de outros pensamentos, similares, ele se acomoda num banco do jardim, a observar as flores e os pássaros.

Suas recordações mais preciosas não se fazem esperar:

"Que fiz, eu, da minha vida? Minha querida tia, Lucíola, por onde você andará? Estará viva? Poderá me perdoar por tudo aquilo que lhe fiz? Pobrezinha... Assumiu, corajosamente a minha criação, embora não tivesse sequer condições ou saúde... Me educou, abnegada, e no enfrentamento de tantas dificuldades! E Francisca, minha mãe, onde estará?... Que Deus a tenha, como dizem!

"Quanto remorso eu sinto, ao lembrar que, ingrato, saí de casa, ignorando as lágrimas de minha tia, para nunca mais voltar! Imprudente e desavisado, fugi de um lar amoroso que me abraçara, para atirar-me às ruas, sem cuidado e sem o menor constrangimento. Solto no mundo, passei a agir sem as devidas condições de entendimento. Aos poucos fui me incorporando às piores ações de um mundo que até então desconhecia, para buscar, insensato, uma riqueza que não fazia parte da minha realidade, e continuo, assim, até hoje!...

"Nunca esqueci o desespero de minha tia, banhada em

lágrimas e tentando me deter, aconselhando-me ainda...

Fechando os olhos, ainda posso ouvir-lhe os soluços de mulher cansada e em pleno desespero..."

Interrompe ele as suas tristes recordações, quando distingue o vulto do patrão a sair da igrejinha. Corre ao seu encontro e o observa. Apesar da ingente tristeza, D. Hernandez não pragueja, não ameaça, nem blasfema. Sua cabeça continua altiva, mas ele não revela a sua habitual arrogância; antes, parece abatido, como um velho carvalho, sob a ação inclemente do machado.

Acompanha-o em silêncio e ambos adentram novamente o hospital. Percorrem os mesmos corredores e saem a perguntar por Maria do Pilar Dias Navarro.

Ao localizá-la, D. Hernandez espera autorização para vê-la. Doutor Reginaldo faz um aceno com a cabeça, autorizando-lhe a aproximação.

— Como ela está, doutor?

— Melhorando sensivelmente. Deve ter sofrido um desmaio, causado pela forte pancada na cabeça ao cair da escada, como foi dito — explica o médico, dando ênfase às últimas palavras, enquanto olha para D. Hernandez de maneira muito significativa.

Compreendendo a cobrança, ele responde rapida-mente:

— Ela caiu de fato de uma escada... Não duvide...

— Bem, venha comigo, temos muito a conversar.

D. Hernandez vacila... Quando o doutor confirmar as suas suspeitas, estará em maus lençóis...

Atravessam um largo portal e seguem, percorrendo outros corredores. Alguns minutos depois, eles entram em ampla sala. Acomodam-se em duas cadeiras, uma à frente da outra. D. Hernandez desvia os olhos, constrangido, e aguarda-lhe as apreciações.

Franzindo a testa e fitando-o desassombrado, como é de seu feitio, doutor Reginaldo vai direto ao ponto:

— Desta vez o senhor não conseguirá agir à sua maneira. Maria do Pilar está em área protegida. Será vigiada e defendida legalmente — diz o doutor, enquanto atento analisa as expressões de D. Hernandez.

Revelando no olhar e nas suas expressões faciais que está ofendido e revoltado, D. Hernandez remexe-se na cadeira, ensaia retrucar, mas não o faz. Levanta-se e volta a se sentar, olha ao redor como quem nada vê, buscando inutilmente formas de defesa e de ataque. Acalma-se, enfim, respira fundo, fita o doutor e declara:

— O senhor há de convir que eu já esperava por isso. Todavia, descanse. Desta vez, tudo será diferente.

— Ah, sim? E o que pretende de fato 'desta vez'?

Ignorando-lhe a contundente indagação, D. Hernandez requisita:

— Diga-me quais e como serão os procedimentos relativos à saúde de Maria do Pilar?

Fazendo uma longa pausa e respirando fundo, doutor Reginaldo pacientemente o informa:

— Sob o efeito de tranquilizantes, ela fará o repouso necessário. Voltando a alimentar-se corretamente, em curto espaço de tempo irá se recuperar muito bem, física e emocionalmente.

Um silêncio pesado se instala e um hiato se faz naturalmente.

Decorridos alguns instantes, o doutor volta-se diretamente para D. Hernandez e declara incisivo:

— Diante das circunstâncias atuais, suponho com grande margem de acerto que Maria do Pilar esteve mais uma vez e à sua própria revelia, sob a sua guarda criminosa. E mais: ela sofre hoje, sem dúvida, as consequências de mais um aprisionamento sob as suas ordens e responsabilidade.

Antes que D. Hernandez se pronunciasse à sua maneira, o doutor dirigiu-se a ele com olhar altamente cobrador, dizendo-lhe de maneira enfática:

— Espero de todo o meu coração que o senhor, D. Hernandez, não tenha esquecido a dignidade e os valores morais desta moça.

Ainda que muito contrariado e ofendido nos seus brios, D. Hernandez explicou-se:

— Fique tranquilo... Eu jamais faria Pilar sofrer, acredite. Pelo contrário, fiz tudo que pude para vê-la feliz. Ela, contudo, obstinada em sua teimosia, sempre reagiu muito mal às minhas melhores intenções.

Desta vez, quem luta intimamente para não perder o equilíbrio é o doutor, que lhe indaga incisivamente:

— Pretende decidir onde e como ela, ou qualquer outra pessoa, deve encontrar a própria felicidade?... Ora, D. Hernandez.

Este, envergonhado, desabafa:

— Pessoas como o senhor jamais me entenderão, doutor. Somos muito diferentes.

— Saiba que tomo isto como um grande elogio.

— Pense como quiser. Não me parece absolutamente afeito a paixões extremadas. Para mim, ela resume o bem e o mal, a luz e a sombra, a ventura ou a desventura. Preciso dela como do ar que respiro. Para concretizar este desejo, moverei céus e Terra, quantas vezes forem necessárias.

"Ainda que ela assim não o deseje"... – o bom doutor lamenta e conclui em silêncio.

Respirando fundo, esclarece:

– Guarde as suas armas, D. Hernandez. – É claro que, apesar das suas habituais bazófias, esta guerra o senhor já perdeu. Maria do Pilar viverá e morrerá tão somente por seus princípios e valores.

Consciente e acorde com tal afirmação, ele se remexe muito desconfortável:

– Disso, sei eu. A prática de suas virtudes acabou por me alcançar os refolhos d'alma... – ele comenta baixinho, quase esquecido do seu interlocutor. – O senhor, doutor, não pode imaginar o que tenho vivido ao lado desta mulher, embora ela insista em me ignorar... Sofro sem remédio e sem solução. E, hoje, imagine, sofro as penas do inferno mais dantesco, quando me surpreendo amando-a. Sim. Eu, D. Esteban Hernandez e Hernandez (ele bate estrondosamente no peito), a penar por um sentimento antes considerado por mim pueril e simplório, coisa para os poetas, filósofos e sonhadores, toda esta gama de enlouquecidos terrenos que, desdenhando a vida real, atiram-se aos ares imponderáveis, numa imaginação extremamente exaltada.

Embora o doutor Reginaldo conheça suficientemente aquele homem que o desafia, enquanto desabafa e tenta se impor, sente-se impactado, ao ouvir-lhe a corajosa declaração.

Mas ainda que apiedado, não perde de vista o seu objetivo: fazer cumprir a lei e a ordem no hospital, ainda mais em se tratando do já conhecido caso de obstinação de D. Hernandez.

– Agindo como tem feito, D. Hernandez, como consegue falar de amor? A quem o senhor pretende enganar desta vez? Todos sabem que o senhor tem por Maria do Pilar o mesmo instinto que o lobo nutre por sua presa...

D. Hernandez remexe-se na cadeira, muito desconcertado. Ensaia retrucar, mas o doutor não lhe dá trégua.

– O senhor não consegue ver que agindo assim conseguirá apenas afastá-la de vez, além de destruir a amizade que ainda poderia haver entre vocês? Esta situação, D. Hernandez, revela a sua verdadeira face, obscura e incapaz de grandes voos na área dos bons pensamentos e dos sentimentos...

Nossa vontade não deve e nem pode alterar o destino dos outros. A liberdade natural deve permanecer ao longo das nossas vidas; é o bem maior com que somos agraciados ao nascer.

Incapaz de se opor à sábia dissertação do doutor Reginaldo, D. Hernandez se sente ínfimo e desarmado.

Com olhos de águia, num discurso fluente e sincero, o médico conseguiu atingi-lo.

Envergonhado, ele procura disfarçar. É o que lhe resta. Sem esquecer que de tudo o que acontece naquele momento depende a sua possibilidade de se reaproximar de Pilar.

Pigarreia, baixa a cabeça e olha os sapatos brilhantemente polidos.

"Bom o trabalho deste engraxate. Preciso encomendar-lhe o polimento de outros calçados" – ele pensa, na tentativa de abstrair-se, a fim de deixar o doutor a falar sozinho.

O médico faz uma pausa, estuda-lhe as reações e alcança-lhe a intenção.

Sobe mais um pouco o tom de voz e reinicia:

– Nada, absolutamente, nada poderá justificar-lhe as ações criminosas! Mais cedo ou mais tarde, embora o seu propalado poder, terá de responder por seus atos! Assim eu espero! Assim esperam muitos outros que caíram nas suas armadilhas!

Já no limite da sua pouca ou nenhuma paciência, D. Hernandez reage, ensaiando levantar-se para sair.

– Ora, por favor. Deixemos para outra ocasião (Que espero não chegue jamais) esta discussão, este seu bláblábl á. Conquanto a minha natural preocupação com a saúde de Pilar e a minha gratidão pelo socorro e tratamento médico dispensado, não vim aqui para ouvir sermões. Vamos aos fatos, e diga-me, enfim, quando poderei levá-la? Afinal, por se encontrar aqui, não significa ser propriedade ou prisioneira deste hospital.

Estupefato, o doutor se mantém em silêncio, à espera de que ele mesmo reflita sobre as suas assertivas e se posicione racionalmente. Contudo, esperou em vão.

De pé e na sua habitual postura de arrogância, D. Hernandez insiste:

– Muito bem. Como ficamos então, doutor? Avie-se, que o meu tempo é precioso!

O doutor se lembra do trabalho que ainda lhe espera junto aos outros pacientes.

Ao seu redor ouve os murmúrios causados por aqueles que o procuram, movidos pelos mais diversos motivos. Fixa seus olhos na figura imponente e arrogante de D. Hernandez e declara, desanimado a apressado:

– Digo-lhe, D. Hernandez, que se o senhor fosse meu paciente eu lhe recomendaria em regime de urgência um tratamento psiquiátrico muito eficiente, que acredito o senhor esteja precisando...

Estremecendo, visivelmente perplexo e ofendido, D. Hernandez retruca:

– Agradeço-lhe o 'sutil diagnóstico e as boas intenções', caro doutor, mas aviso-o: apesar de todos os nobres sentimentos que o alcançam, o meu pensamento e o meu coração, relativos à Maria do Pilar, são: Não abrirei mão dos meus direitos como seu real pretendente e inquestionável defensor. Farei tudo que for preciso, a fim de resgatá-la para mim, outra vez e sempre, até o meu último suspiro de vida.

– Então, só me resta avisá-lo. Não sonhe em tirá-la daqui. Seremos muitos contra o senhor e, desta vez, a lei, sob a qual se esconde e se protege, terá de se dobrar à força e à verdade da legítima justiça.

D. Hernandez se posiciona, pernas afastadas, peito estufado, olhos em fúria, mãos cerradas, respiração opressa. A imagem de Pilar, contudo, se impõe, aquietando-o em parte.

Volta a sentar-se e faz um esforço notável para se controlar.

Sem mais tempo, doutor Reginaldo conclui:

— Posso ver que ainda lhe resta um pouco de bom senso... Melhor assim. Ao sair daqui, leve a certeza de que já enfrentei muitas ameaças dentro ou fora deste e de outros hospitais. Eu não temo.

A experiência nos ensina, a todos nós da saúde, que não raras vezes são os que estão às voltas de nossos doentes os grandes responsáveis pelas lamentáveis situações físicas e emocionais em que eles se encontram.

Quase sempre, D. Hernandez, o que nos desarmoniza com o mundo é a nossa consciência culpada e, frequentemente, o remorso acaba por nos levar mais cedo ao túmulo. Isto se agrava quando faltam a fé e a esperança, que todo cristão deveria ter. Sei que este discurso é inútil para pessoas como o senhor, que se identifica com outra realidade, onde o valor moral perde lugar para a vaidade, o orgulho e a ambição, num triste conúbio com a grande chaga da humanidade: o tão antigo e arraigado egoísmo.

Em profundo desalento, D. Hernandez reconhece nas declarações do doutor uma verdade insofismável. Reconhece também que o seu tempo já se vai esgotando cada vez mais... Uma estranha fraqueza física já se avizinha e se sobrepõe à sua vontade. Em breve tempo, não terá mais condições de enfrentar quem quer que seja, ainda mais nos campos de duelo, onde sempre se sobressai. Mais cedo ou mais tarde, será tirado da liça para dar lugar aos mais jovens e mais capazes...

Respira desanimado e desfaz a arrogância habitual, alquebrado sobre si mesmo, silencioso e algo distanciado...

O bom doutor ainda encontra recursos íntimos para apiedar-se dele:

"D. Hernandez é digno de piedade! Agarrou-se às coisas perecíveis e passageiras. Por essa e outras razões, ele vê em Pilar o seu único e último galardão. Pobre infeliz! Enquanto sofre, faz tantos outros sofrerem. Ainda é tempo de se transformar, aproveitar o que lhe resta nesta vida para retornar para o 'outro lado' em melhores condições. Nós dois, já envelhecidos (embora ele se esforce para negar essa verdade), daremos contas dos nossos atos em breve espaço de tempo. Nos reencontraremos, uma vez atravessada a aduana do verdadeiro mundo, para onde todos nós iremos, mais cedo ou mais tarde? Teremos a chance de nos entendermos? Como saber?"

Um silêncio pesado se instala entre os dois...

Numa outra postura, D. Hernandez indaga:

– Posso ao menos vê-la? Prometo não lhe causar problemas... Por favor! – no seu olhar, o brilho da sinceridade.

– Sim, venha comigo. E não se esqueça. Terá de dar contas à lei sobre suas arbitrariedades, incluindo a entrada de Maria do Pilar aqui no hospital. Estarei à disposição das autoridades para o que for preciso. E conte, igualmente, com a presença de Dom, seu legítimo noivo.

Furioso com o que acabara de ouvir, D. Hernandez vacila, quanto a segui-lo, mas conclui que nada mais lhe cabe fazer, ao menos por aquele dia, tão surpreendente quanto desfavorável.

Visivelmente alquebrado, desconcertado e em silêncio, ele acompanha o doutor com o coração a bater fortemente, numa grande expectativa.

"Ela estará desperta? Me reconhecerá?" ... – indaga-se completamente desestabilizado.

Em casa...

Na residência-mor de D. Hernandez, a família suspeita de algo diferente a tomar o tempo do senhor da casa, que além de se ausentar com mais frequência, abate-se fisicamente a olhos vistos. Quando lá está, foge de qualquer abordagem, seja de quem for...

Naquele instante, no vestíbulo, duas criadas cochicham, olhando ao redor:

— Já reparou como o nosso patrão anda esquisito?

— Esquisito ele sempre foi. Você quis dizer 'mais esquisito', não é?

— Você me entendeu; não se faça de tola, Henriqueta.

— Está bem, Glorita. Não precisa me ofender — ela cobra aborrecida, mãos na cintura em posição de defesa, fazendo a outra soltar uma exclamação de descaso.

Alguns instantes de silêncio e Glorita volta ao mesmo assunto:

– Noutro dia, ao fazer o meu trabalho de jardinagem, ele apareceu por entre os canteiros. Sentou-se num dos bancos e começou a gesticular, supostamente defendendo-se de algo ou de alguém... Confesso que fiquei arrepiada. Teria ali um fantasma? Irra! – ela exclama, estremecendo.

– Ai! Quer me matar do coração, sua maluca?

As duas persignam-se rapidamente e, tirando de dentro das roupas os seus bentinhos, beijam-os supersticiosas.

– Num dia destes, escute bem, quando entrei nos seus aposentos, por ser chamada para algo que já não me lembro, pude vê-lo completamente alheio. De cabeça erguida, ele fixava o teto sem se dar conta da minha presença. Será que rezava? Logo ele?...

Largando aquilo que fazia, a outra arregala os olhos e ajuíza à sua maneira:

– Pois a mim, tudo que você acaba de dizer me pareceu pura heresia. Blasfêmia. Como aquela boca maldita pode falar com Deus? Ora, veja, nem vou lhe dizer com quem ele devia estar falando.

Ofendida e mais que isso, magoada, Glorita ensaia sair e algumas lágrimas brilham nos seus belos olhos matreiros e claros.

Henriqueta, porém, a retém pelo braço, enquanto lhe diz conciliadora:

– Ora, amiga, desconsidere tudo o que acaba de ouvir... É nisso que dá ficar conversando. São tolices. Vamos ao trabalho!

– Não são tolices e você sabe...

– Ora, vamos, não se agaste tanto. Somos amigas – assim dizendo, ela oferece uma ponta do seu avental, a fim de que a outra enxugue os olhos.

Mais alguns minutos e Glorita volta a tocar no mesmo assunto, a vida do patrão:

– Quando alguém lhe indaga a respeito da sua pretensa noiva, querendo ser agradável, ele se enfurece. E nessas horas, os seus olhos parecem duas brasas acesas.

– Deus de misericórdia!

As duas beijam novamente os bentinhos.

De súbito, Glorita se assusta e avisa:

– Vamos sair daqui! Ouço os passos de nossa patroa, dona Benvinda. Além de tia do nosso patrão, ela administra a casa, portanto...

– Sejamos rápidas, senão logo, logo, estaremos no olho da rua, caso ela nos surpreenda assim, distraídas e a conversar.

Elas se vão quase a correr, arrepanhando as saias, a fim de agilizarem a fuga precipitada.

Dona Benvinda é uma mulher furiosa e muito atenta, altamente cobradora e agressiva, seja verbalmente ou nos tapas que distribui com generosidade naqueles que a contrariam.

As duas alcançam a baia e ali dois empregados cuidam dos animais, enquanto igualmente confabulam.

O assunto? Ora, como não podia deixar de ser: a vida do patrão.

– Ó, Arquimedes. Onde esteve durante tanto tempo o nosso patrão, você sabe?

– Eu? Ora, ora, Antônio. Sei tanto quanto você, ou seja, nada.

– Estranho... Hoje, pela manhã, entregou-me o cavalo em que havia saído pela madrugada em disparada, para depois adentrar a casa alquebrado e abatido. Ele me pareceu mesmo doente... O que será que o atormenta tanto?

– Ora, ora, o meu colega ignora, por acaso, que o nosso patrão já nasceu assim como é?

– É triste trabalhar aqui e sob as suas ordens. Valha-me, Deus. Tivesse eu para onde ir, e já teria ido. Gostaria de ser um passarinho, bater asas e ir para onde minha alma pudesse me levar.

Explodindo numa gargalhada, o outro arremata irônico:

– Sua alma de passarinho? Não me faça rir tanto, que posso estourar como uma cigarra.

– Que inferno, Antônio! Você não tem inteligência nessa cabeça para refletir um pouco que seja?

– Se eu tivesse muita inteligência, estaria aqui? Eu poderia estar nos bancos de alguma universidade e ali estudar muito para vir a ter um trabalho mais digno e mais rentável que este, seu estafermo.

– Você não precisa me ofender... Não tanto assim...

Ambos, emburrados e estremunhando, se distanciam um para cada lado.

D. Hernandez, por sua vez, internado no seu quarto, escorraça a todos aqueles que têm a incumbência de servi-lo.

Em sua presença, a casa volta a uma rotina sombria, todos pisam em ovos, falando baixo e olhando ao redor receosos.

Clara de Assis, sua parenta, aquela que esteve doente por muitos anos, partira há bem poucos dias, estranhando a ausência de sua querida menina, Maria do Pilar... Mas, imaginando-a ocupada em excesso, como de ordinário, rezou por ela até os seus últimos instantes de vida.

O que ela jamais poderia supor é que Pilar estivesse prisioneira daquele que só a manteve em sua casa (apesar da sua doença de longa duração e dos gastos decorrentes) para garantir a presença de Pilar, quando fosse visitá-la.

Elas foram sempre muito amigas e ligadas por interesses comuns. Pilar dizia que, sem desmerecer a mãe que a vida lhe concedera e lhe arrebatara tão cedo, gostaria muito de ter sido sua filha, embora assim já se sentisse naturalmente.

Enquanto pôde, Clara assumiu a direção exaustiva da casa, chegando não raras vezes ao sacrifício, a fim de que tudo acontecesse de acordo, embora a sua notável fragilidade física.

Depois dos cortinados pretos e roxos, dos dourados e das franjas dos panos de aparato fúnebre, restou apenas um grande silêncio que ninguém ousava quebrar... Clara de Assis Montalban, querida de todos, deixava nos corações daqueles que tiveram a chance de conhecê-la um pedacinho de si.

Hoje, D. Hernandez chegou aparentemente decidido

a permanecer nos seus aposentos. Permaneceu em silêncio até que dona Benvinda lhe indagou (no simples intuito de ser-lhe simpática) sobre a sua noiva, Maria do Pilar, o que fez com que ele lhe devolvesse um fero e arrepiante olhar.

"Aí – pensou ela – a razão de tudo. A moça que ele considera e apregoa aos quatro ventos como sua futura esposa deve ser o móvel deste silêncio e desta tristeza. Este meu sobrinho aos poucos está a enlouquecer... Pobre infeliz, nunca teve sorte. Isto eu não posso negar... Meu irmão Aristides (Que Deus o tenha, se for possível) parecia odiá-lo desde o seu nascimento, chegando às vezes a dizer que ele não poderia ser seu filho. Minha cunhada, Nora, além de sofrer-lhe ataques verbais e físicos, ainda se via sob suspeita. Enfim, o pobrezinho desde cedo conheceu do mundo a pior parte. O seu corpo foi pequeno demais para tantas chibatas no lombo."

Silente, respeitando-lhe a autoridade patriarcal, ela se vai de mansinho pelos corredores, imbuída nos seus próprios pensamentos, tão solitária e triste quanto ele mesmo... Ela ignora, todavia, que, apesar das aparências, o seu sobrinho está melhor que antes.

Naquele instante, D. Hernandez se surpreende consigo mesmo, ao recordar emocionado a singela capelinha do hospital... Interiorizado, recorda as imagens dos santos nos altares e o silêncio acolhedor, além da paz que hauriu naquele curto espaço de tempo em que ali esteve...

"Por você, Pilar. Somente por você" – pensa e respira fundo, olhos cerrados, na clara intenção de resgatar aqueles momentos preciosos.

Inveja aqueles que possuem fé e a ela se agarram. Lembra do luminoso abraço que recebeu naquele sonho tão agradável...

Despertando, todavia, do seu rápido enlevo, procura a caixa de charutos e passa a consumi-los um após outro...

Não é tolo, sabe distinguir uma derrota, quando esta se instala. Aos poucos, a vida está a lhe indicar a porta de saída... Fim da linha, fim das esperanças de ter Pilar para si...

Ao seu redor, tudo se fecha, sombras e mais sombras a envolvê-lo, querendo arrebatá-lo de vez... Para onde?... Arrepia-se e mede, meticuloso, o ambiente. Ouve vozes surdas e roucas a dizer-lhe algo, num linguajar estranho e incompreensível...

Ergue-se precipitado e dá voltas na sala. Precisa se aquietar, mas por mais que faça, não consegue. Abre as portas da varanda e sai; se debruça na mureta e olha ao longe...

Recorda extremamente revoltado que a sua Pilar não está mais sob sua 'guarda'. Sente ganas de tirar o doutor Reginaldo do mundo.

Sua vontade é de fazer novos registros no hospital, interferir na reputação de bom médico do doutor Reginaldo, mas sabe que desta vez as portas se fecham com estrépito e com a verdade que se fará presente sobranceira à luz do sol.

– Pilar, Pilar, você é tudo para mim! Minha alegria e

a minha desgraçada tristeza. Se você não existisse... Ah se você não existisse... Como teria sido, enfim, a minha vida sem a sua presença? E como viverei daqui pra frente? Impossível seguir por muito mais tempo. Vejo à minha frente um céu borrascoso, impenetrável. O arauto da minha tragédia íntima e pessoal já se faz ouvir.

Assim, debatendo-se entre o amor e a razão, dois sentimentos aos quais jamais se adequou, D. Hernandez não vê saídas, nem recursos a lhe salvar daquela situação.

Doutor Reginaldo avisa Dom sobre os últimos acontecimentos, fazendo-o seguir imediatamente para o hospital, surpreendendo-se com a presença de Maria do Pilar ali internada e visivelmente abatida.

Coração a saltar-lhe do peito, Dom se precipita para ela, aconchegando-a em seus braços, completamente submetido às suas próprias emoções...

Incapaz de dizer alguma coisa, tal a sua emoção, acaricia-lhe o rosto, os cabelos, enquanto contrai docemente o seu corpo esbelto e notavelmente emagrecido contra o seu peito.

Pilar, por sua vez, sabe que sua fé em Deus e o seu amor por Dom lhe deram a força moral de que precisava para suportar mais aquela experiência amarga em sua vida.

Deixando-os a sós, o doutor se vai, sorrindo e muito feliz por vê-los juntos.

"O quanto Senhorinha vai se alegrar com esta notícia!" — conclui.

— Basta de surpresas, meu bom amigo — dissera a Dom, ao informá-lo da vigilância permanente a resguardar Pilar. – Nenhum de nós suporta mais isso. D. Hernandez se verá a braços com a lei, enfim! Cuide-se para não vir a enfrentá-lo, Dom. Essa atitude é totalmente desaconselhável, ainda que você e Pilar sejam as vítimas.

Dom balança afirmativamente a cabeça, concordando:

Na manhã seguinte, D. Hernandez chega para visitar Pilar que, uma vez consultada, concorda em recebê-lo.

Silenciosa e muito constrangida, ela o vê entrar.

Acercando-se, ele faz menção de abraçá-la, mas ela o rejeita, enquanto aqueles que têm a incumbência de protegê-la aproximam-se e ensaiam retirá-lo dali. Profundamente revoltado, ele silencia e se contém. Não se dando por vencido, porém, depois de cumprimentá-la e se informar a respeito do seu estado de saúde, avisa:

– Embora eu esteja sob o olhar e a vigilância destes que nos cercam, não arrefeço a minha intenção de torná-la minha mulher. Hoje, sei que a amo, portanto fique ciente de que eu jamais lhe faria mal.

Olhando-o de frente e sem temor, ela lhe responde, imbuída de profunda sinceridade:

– Ainda que eu não pretendesse me casar com Dom, eu jamais me consorciaria com o senhor. Sinto piedade de uma alma como a sua, tão desorientada. Tenha juízo. Não saia por aí se impondo, fazendo os outros sofrerem. Não quero que me procure mais. Apesar de tudo, saiba que não lhe guardo rancor.

Pilar silencia e vira o rosto para o outro lado.

Fitando-a, na mesma adoração e reverência que fizera aos santos da igreja, ele não consegue retrucar;

faltam-lhe palavras... O seu peito estruge e todo o seu corpo freme de dor e tristeza. Quisera morrer ali mesmo aos seus pés... Mas, para não perder o hábito, um pensamento ainda lhe ocorre.

"Isto quem decide sou eu, Pilar. Cuide para não me esquecer. Eu voltarei a vê-la aqui ou do 'outro lado'. Em tempo algum, esteja eu onde estiver, deixarei de amá-la e de lutar por seu amor."

Adivinhando-lhe os pensamentos e lhe sentindo a proximidade, Pilar sente-se mal. Deseja que ele se vá de uma vez por todas.

Fitando-a em perene adoração, agitado e confuso, a revirar o chapéu que tem nas mãos, ele se curva, enfim, às circunstâncias desfavoráveis e começa a se distanciar lentamente, parecendo se despedir...

Antes de alcançar o corredor que o levará à saída, estanca os passos, vira-se e olha para trás... O que espera? Não sabe... Perdeu a condição de raciocinar como antes... Assim, em passadas silenciosas e quase arrastadas, ele segue em direção à rua.

No quarto, Pilar deixa fluir através do pranto toda a emoção de tantas experiências vivadas nos últimos tempos.

Grand finale às avessas...

Na rua, em meio ao populacho, profundamente alterado, em vez de se dirigir ao seu veículo, D. Hernandez toma outra direção.

Demétrio, expectante, surpreende-lhe a inusitada atitude, mas não ousa interpelá-lo. Impassível, observa-lhe o estranho comportamento...

D. Hernandez parece embriagado a locomover-se tal qual uma serpente nas areias do deserto, a deixar seus rastros sinuosos pelo caminho... A sua comoção é tão visível que o faz vacilar e, vez por outra, ele para, incapaz de prosseguir...

Dir-se-ia ser alguém que caminha no rumo da própria execução, em direção ao carrasco que o aguarda, ante a algum poste de suplício ou à espera angustiante do acender de alguma fogueira inquisitorial...

A sua figura amarfanhada e grotesca se causa espécie àqueles que o veem passar, impressiona muito mais àquele que, embora atento, não sabe como se conduzir numa situação tão inesperada. Abordando-o, como gostaria de fazê-lo, sofrerá represália. Não o fazendo, o contrário também não se dará.

Assim, imóvel e indeciso, Demétrio assiste ao descalabro de vê-lo distanciando-se, sem entender os motivos, nem as intenções...

D. Hernandez fala sozinho, agitando-se em meio a movimentos corporais descontrolados.

Aquele homem que nunca havia amado antes surpreende-se agora numa dolorosa constrição física e emocional, causada por um sentimento tão forte e avassalador que se derrama como lava comburente, atirando-o aos abismos mais obscuros de sua alma inquieta e instável...

Com o coração dilacerado, ele desabafa num trágico monólogo:

"Ah, Pilar, Pilar! Você acaba de decretar a minha sentença de morte. Não sobreviverei sem a sua doce presença. Sem você sou natureza sem sol, sem as fontes de água e sem as chuvas que se precipitam dos céus sobre a terra sedenta. Sem você nada mais tenho a fazer neste mundo infeliz.

"Por você, minha Pilar, queimei os meus últimos resquícios de vida e de energias vitais. Sou uma vela que aos poucos se apaga...

"Oh, minha querida! Ao seu lado eu poderia findar os meus dias na Terra, sereno e bem-aventurado. Nos seus braços, eu encontraria as forças de que preciso para continuar a viver.

"E quanto a você? Oh, você seria a mulher mais invejada da belíssima Madri. Aos seus pés, depositaria todos os tesouros deste ou de qualquer outro mundo que porventura eu alcançasse com minhas mãos ávidas e poderosas. Ante o seu assombrado olhar, lhe entregaria tudo o que um homem mais preza, sem pensar, nem medir as consequências.

"Mas o meu tempo se esgota. Sinto-me caminhar a passos largos no rumo daquele precipício que todos abominam.

"E, quando eu lá estiver meu amor desvairado e tão tardio, sem a sua doce e espiritual presença, com que me defrontarei? Com aqueles que me impeliram aos erros e às quedas, enquanto me aguardavam ardilosos e cruéis, a fim de engrossarem as fileiras das suas tenebrosas hostes infernais?... Sim, fatalmente, será assim."

D. Hernandez para, vacila sobre os próprios pés, dobra os joelhos e desdobra-os de novo, estremece e apruma-se com muito esforço, voltando a caminhar sem rumo, nem direção.

Demétrio, estupefato e incapaz de um ato sequer a favor do patrão, continua a acompanhá-lo, vendo-o bater estrondosamente no peito para depois curvar-se, respirando fundo e persistindo em seu estranho ritual.

"Ah, minha bela! Pudesse você ouvir os clamores deste coração ferozmente comprometido e certamente me entenderia. O quanto eu gostaria de poder exibir aos seus assombrados olhos o meu coração cansado e já coberto de luto. Por você e por esse amor jamais alcançado, mas intensamente desejado, estou a me precipitar neste abismo insondável. Eis que a cortina da minha vida começa a se fechar."

D. Hernandez desaba ao chão, respira ruidosamente e se levanta com muita dificuldade, para insistir no seu caminhar arrastado.

"Do alto desta tragédia íntima, na qual um dia meus próprios pais me atiraram, você, justamente você, está me empurrando para o último precipício. Nem eles, nem você, jamais conseguiram me amar. Devo ser mesmo desprezível! O seu amor, minha Pilar (ah, se eu soubesse antes!), teria enfim me redimido. Adeus, por enquanto, minha bela, minha musa. Será sempre o castelo dos meus sonhos e a minha fortaleza."

Ele para, mais uma vez, encosta-se a uma árvore próxima e respira. Olha para o alto e clama, voz cavernosa, num evidente desespero:

— Por quem sois todos vós, os que determinam os destinos dos homens, eu os esconjuro, neste momento de dor e para toda a eternidade.

Fazendo gestos de desafio aos céus, que àquela hora se veste de um dourado brilhante, D. Hernandez desaba como uma árvore, sob a ação inclemente de algum furacão...

Demétrio, que lentamente se aproximava, se precipita e o ampara, enquanto ele geme e se contorce. Rogando auxílio aos transeuntes, ele o carrega até o automóvel e acomoda-o no banco de trás.

Em visíveis convulsões, que o deixavam com as faces arroxeadas, mãos crispadas, D. Hernandez geme, a revelar um grande sofrimento.

Depois de vencidos alguns metros, o motorista para o veículo para vê-lo mais detidamente.

Gostaria de saber dele mesmo o que fazer: levá-lo para casa ou voltar ao hospital, de onde saíram há pouco?...

Constatando, porém, a incapacidade de seu patrão de se posicionar, retoma rapidamente a direção do veículo e decide voltar ao hospital.

Alguns minutos mais e, doutor Reginaldo se surpreende com a chegada intempestiva de Demétrio, pedindo socorro para D. Hernandez, explicando-se em meio a muita confusão...

Fazendo a parte que lhe cabe, o bom doutor toma rapidamente as providências necessárias e convoca a sua equipe, avisando-os:

— Maria do Pilar deve ignorar a presença do seu parente aqui.

Desafio íntimo

ÀS VOLTAS COM o estado de saúde de D. Hernandez, doutor Reginaldo não consegue prever como serão as próximas horas, pois seu estado é bastante delicado, denotando que enfrenta uma grande luta interior, entre o sobreviver ou o partir.

"Assim como aconteceu comigo, D. Hernandez, apenas os céus podem ajudá-lo, em momento tão delicado que enfrenta. Pensássemos mais nesta realidade que a todos nós aguarda e certamente a enfrentaríamos melhor quando ela chegasse... Contudo, quase todos esquecemos que essa existência tem limites muito estreitos... Não sei o que lhe espera... caso venha a se surpreender sem as molduras de pompas e glórias, do outro lado da vida, diante de sua própria consciência. E caso permaneça aqui neste mundo, como reagirá, diante das novas circunstâncias que a vida lhe proporciona? "

Cansado e emocionalmente abalado, ao se virar para a porta, doutor Reginaldo encontra Dom, que acaba de chegar, em respeitoso silêncio.

Viera a fim de resolver junto a ele a situação de Pilar e ao chegar obteve a informação sobre a presença de D. Hernandez como paciente, e em estado grave.

Fazendo um sinal, o doutor lhe indica a intenção de afastar-se dali.

– O que faz aqui, Dom? – indaga-lhe surpreso pelo adiantado da hora.

– Preciso lhe falar. Desculpe a minha ansiedade. Quero levar Maria do Pilar para a sua casa. Dói-me vê-la aqui... Ela ficará bem, sob os nossos cuidados e a sob nossa vigilância.

– Sim, concordo. Mas peço-lhe apenas mais um dia ou dois para me certificar de seu bom estado físico e emocional.

– Sei que a responsabilidade maior é a sua, meu bom amigo... Dou-lhe razão e me curvo à sua vontade.

– Então, estamos acordados. Até amanhã, Dom.

Enxugando o suor que lhe poreja na testa, o bom doutor se apresta para deixar o hospital. O dia lhe exigira muito mais do que poderia esperar.

Sentinelas

Se tivessem as devidas condições, leitores, poderiam observar na porta do hospital e espalhando-se igualmente pelos seus diversos departamentos estranhas formas humanas, embora etéreas, algumas sombrias, outras tenebrosas, escondendo-se nos recantos mais escuros ou a planarem, esvoaçantes, sobre os que se fazem presentes ali, na expectativa de uma arrepiante convenção.

Poderiam também, num outro olhar, se surpreender com a luz que ali interpenetra tudo, junto a entidades afinizadas com o bem que igualmente se posicionam.

À porta do hospital, formas humanas etéreas se espalhavam pelos seus diferentes departamentos. Escondendo-se nos recantos mais escuros ou planando esvoaçantes, fazendo-se ali presentes, na expectativa de uma arrepiante convenção... Poderíamos surpreender também entidades iluminadas voltadas para o bem.

Quando os doentes chegam ao hospital, os olhos da carne não conseguem divisar aqueles que comumente os acompanham espiritualmente em suas vidas, por questão de sintonia.

Naquele dia, no hospital, também se encontravam muitos daqueles que acompanhavam da vida de D. Hernandez.

Chegando mais cedo ao hospital, doutor Reginaldo segue rapidamente pelos corredores. Examinando minuciosamente o seu mais novo paciente, constata que ele está a se despedir da vida terrena. Renova-lhe a medicação, acrescentando ainda outras. Há que lutar até o fim. É a sua missão.

Depois de algumas horas, D. Hernandez apresenta relativa melhora.

Saindo de lá, doutor Reginaldo segue para as outras enfermarias. Numa delas, Maria do Pilar já revela novas cores faciais e renovado sorriso.

– Salve, minha amiga. Como está?

– Ansiosa para voltar para casa, doutor Reginaldo – ela lhe responde saudando-o igualmente.

– Ora, ora, já quer nos abandonar? Vê-la bem e mais feliz é uma ótima maneira de começar o dia.

– Veja, Dom se aproxima – ela exclama entusiasmada.

– Bom dia, doutor. Bom dia, minha querida Pilar. Como estão?

– Bem... – respondem em uníssono.

Cumprimentando-o com um forte aperto de mão, o doutor se afasta.

Os noivos se abraçam longamente entre profundos suspiros. Falam em silêncio e se entendem, numa intensa troca de olhares.

— Mais um ou dois dias, e você receberá alta do hospital – ele informa.

— Ainda bem – ela solta todo o ar dos pulmões, ruidosa e sorrindo.

Abraçados, eles são surpreendidos pelo doutor.

— Dom, por favor, preciso lhe falar.

— Sim, senhor – afastando-se ambos, enquanto Pilar é devidamente atendida por uma enfermeira que cuida da sua primeira refeição, os dois conversam a respeito dos fatos que Pilar ainda ignora.

Alguns minutos mais, deixando o doutor entregue aos seus pacientes, Dom prefere ir até à capela do hospital orar, em agradecimento e pedir pelos que ali estão.

A última entrevista

Enquanto isso, D. Hernandez, numa visível agonia, exige a presença e os cuidados do doutor Reginaldo e de sua equipe que, uma vez mais, o resgatam de um estado bastante delicado de saúde.

Melhorado, numa lucidez inesperada, ele clama por Pilar:

— Preciso vê-la...

— Seria muito inconveniente para ambos — o doutor avisa.

— Vai negar a última vontade de um homem, doutor? – ele o inquire de maneira direta.

Em silêncio, o doutor avalia os prós e os contras...

— Decida, que não tenho muito tempo... – D. Hernandez declara.

– Acalme-se e aguarde – o médico orienta-lhe respeitoso e sai à procura de Dom.

Precisam decidir juntos, avaliando cada qual na sua responsabilidade.

O primeiro impulso de Dom é proteger Pilar, contudo pesa a situação dramática do seu opositor. Assim, acaba por consentir naquilo que considera um dever cristão.

Se Pilar concordar em conversar com D. Hernandez, pretende vigiá-la a distância.

Devidamente consultada, Pilar, surpreendida com a notícia da presença de D. Hernandez no hospital e em estado tão grave, consente. Mas, pensando na possibilidade de revê-lo, estremece...

Muito inquieto e agitado, Dom se posiciona nas proximidades.

Amparada pelo doutor, ela chega e se senta ao lado de D. Hernandez.

Olhos fechados, ele se agita e geme.

Ouvindo os rumores, abre os olhos e divisa a presença de Pilar. Constrangido, ensaia um débil sorriso:

– Como está? – indaga.

– Melhorando... – ela responde insegura.

– Já me perdoou?

– Estou me esforçando para isso...

Num sorriso amargo, ele quer saber:

– Não vai indagar como estou?

– Certamente...

– Pois bem, eu lhe digo. Vou direto para o túmulo!

– Está a se precipitar... Espero que viva para se redimir dos seus erros.

Fazendo uma careta de dor mal contida, ele cobra:

— Ao me negar o seu amor, você me transformou nisto que vê.

— Perdoe-me, mas esta sua aspiração sempre esteve acima das minhas possibilidades — ela declara, enquanto olha ao redor, desejando sair dali.

Esforçado, ele prossegue:

— De onde esperei amor vieram apenas acusações e ingratidão... Como e por que nunca conseguiu reconhecer em mim aquele que poderia fazê-la feliz? Como pode desconsiderar tudo aquilo que fiz para conquistá-la?... — exaltando-se e forçando a voz, um acesso de tosse o impede de prosseguir.

O doutor o socorre e ordena:

— Já basta, D. Hernandez... Agora deve repousar.

— Repousar... — ele cicia irônico — É o que farei pela eternidade. Não me apresse... — tosse de novo, respira e procura se controlar.

— Você, Maria do Pilar Dias Navarro, jamais esquecerá que estou a morrer sem a sua indulgência amorosa.

— A minha indulgência é fraterna — ela dá ao tom de voz uma doçura pensada e consentida. — Ainda que mergulhados na gravidade em curso, não posso, nem devo mentir... Mas desejo sinceramente suas melhoras e sua recuperação. A vida nos ensina e, se nos faz sofrer, nos concede também grande aprendizado e consolação.

— Consolação... Quem precisa disso?... — ele fecha os olhos e respira com grande dificuldade.

O doutor decide impedi-lo de continuar.

— Acalme-se. Eu o proíbo de prosseguir nesse esforço que está apenas lhe agravando a sua situação.

— Me amordace, então. Assim, esgotarei mais depressa a taça de amarguras que devo beber até a última gota. Desista, doutor. Comigo não existem fórmulas eficazes, apesar da sua renomada prática, como fiel discípulo de Esculápio.

Acima de sua empáfia, porém, D. Hernandez realmente sofre, física e moralmente.

Enquanto ele reage contra os estertores que já se avizinham, Pilar chora em silêncio e pede por ele, que vive de forma tão desajustada momento tão solene quanto trágico.

Doutor Reginaldo ensaia dispensar Pilar. Mas a adivinhar-lhe as intenções, D. Hernandez abre novamente os olhos e avisa categórico:

— Eu juro que de onde eu estiver, se é que algo existe do lado de lá, estarei pensando em você, Pilar, e ansioso eu a esperarei. Você jamais se livrará de mim...

Num esforço impressionante, ele se movimenta rapidamente e toma a mão de Pilar.

Mal impressionada e sentindo sua mão forte e quase gélida, Pilar sente tudo rodar e perde o sentido, fazendo com que doutor Reginaldo corra a tempo de socorrê-la, enquanto D. Hernandez começa a evidenciar sinais de que se aproxima do seu desenlace.

Pilar é levada e doutor Reginaldo sustenta D. Hernandez que, em convulsões, expira. Ele se aquieta e finalmente se inteiriça...

Profundamente apiedado, doutor Reginaldo leva o

pensamento a Deus e pede por aquela alma, para que seja bem acolhida no 'além'.

Lamenta-lhe a existência tão infeliz e desperdiçada.

"O senhor, D. Hernandez, é o retrato de muitos que vivem sem saber viver e morrem sem ao menos ter-se preparado para isso..." – conclui sabiamente.

Alguns quartos de hora mais e vai ver Pilar, confirmando felizmente que o bom atendimento já lhe fora dispensado por sua competente equipe. Ela dorme sob o efeito de tranquilizantes e ao lado de Dom, que vigilante e amoroso lhe faz companhia.

Assim, a cortina da vida na Terra se fechou para D. Hernandez, que passou pelo mundo infelicitando pessoas e desgraçando a si mesmo, num dramático epílogo, de quem viveu e morreu sem refletir a respeito da riqueza e da grande dádiva que é e sempre será o sopro da existência humana, nesta redentora escola planetária!

O enlace

Superadas todas as dores, Dom e Pilar se casam entre flores de laranjeiras, numerosos convidados, músicas, luzes, solenidades e comemorações, como nunca dantes haviam vivenciado ou participado, considerando que desta vez o coração, ou melhor, os corações, estão seriamente envolvidos num contexto muito particular. Enfim, vencidas, as provas ficaram para trás.

Decidiram e se uniram, diante dos céus e da Terra, na realização de um sonho tantas vezes adiado por circunstâncias inesperadas.

Os queridos doutor Reginaldo e Senhorinha foram seus insignes padrinhos.

Entre os convidados, feliz com a realização pessoal

de Maria do Pilar, Carmem roga aos céus as bênçãos de felicidades para os dois.

Na hora do enlace, Dom enviou pensamentos de muita gratidão e saudade àqueles que fizeram parte da sua vida, como: Estevão, Castelita, Emos, Belizário... Sem esquecer, naturalmente, de pedir por seus antigos companheiros, principalmente aqueles que por diferentes razões não conseguiram superar as dificuldades e obter êxito em sua desejável reabilitação. Mas não perde a esperança de vê-los melhores em suas transformações morais, lembrando que estamos em espírito trilhando sempre rumo à nossa perfeição, um mais à frente que outros.

Imbuído nestes pensamentos, Dom sente-os representados em cada uma das crianças às quais atende e promove todos os dias. Nestas, a esperança de dias melhores.

Pilar adivinha aquilo que vai na alma do seu amado e se emociona. Recorda os seus pais, saudosos e queridos, e todos aqueles que já passaram pelo seu caminho, secundando-lhe as intenções de ser hoje o que é.

Finalizadas as cerimônias, o casal segue para o local da festa, onde partilharão de suas alegrias junto aos amigos, com quem convivem no dia a dia, nas diversas rotinas de suas vidas. Para os festejos, tudo foi organizado com muito apreço: muita música, comida, danças típicas, com o bater dos pés e dos corações, no ritmo vibrante das castanholas.

A alegria é imensa!

Vez por outra, Dom ouve um ou outro comentário do

amigo Emos, seguido dos habituais 'tapinhas nas suas costas'. Sorri comovido e lhe agradece.

Horas depois, o casal sai em silêncio para uma grande viagem pelo Mediterrâneo.

O som rouquenho do grande navio convoca os viajantes a se apresentarem, a fim de conduzi-los e acomodá-los nas suas cabines previamente reservadas.

Dom e Maria do Pilar abraçam-se fortemente, numa emoção intraduzível, ao ouvir o marulhar das águas do oceano profundo e azul. Olham-se amorosos e sonham com o futuro.

Quanto aos filhos, se estes não chegarem pelas vias naturais, adotarão aqueles que a vida lhes apresentar. (Ah, que eles não se enganem, pois um deles já está sendo preparado para voltar através das portas da reencarnação. Sim, nada menos que D. Esteban Hernandez e Hernandez, há muito ligado àquele grupo espiritual por laços do passado. Oh, e quanto trabalho ainda lhes dará! Quantos desafios carrega consigo mesmo, na sua próxima bagagem reencarnatória!

Outros filhos também virão, ajudando a equilibrar o núcleo familiar, amenizando a intensidade dos desequilibrados sentimentos de D. Hernandez.

Tudo passa e segue por veredas benditas de transformação e de aprendizado através do tempo. O futuro de perfeição é certo. E eles sabem disso...

Deixemo-los então, abraçados e abrasados, e continuemos a nossa narrativa.

***

NA VÉSPERA DO enlace de Dom e Maria do Pilar, nosso mais sombrio personagem se agitou intensamente. De onde estava, e em espírito, tentou criar todos os embaraços ao seu alcance, na intenção de impedir-lhes a sublime realização. Nada conseguindo, uma vez que a lei divina também conta com seus mecanismos de proteção, D. Hernandez foi acolhido e levado para tratamento. A partir daquele momento, ficaria por um tempo sem tomar conhecimento do que se passava entre os seus no plano terrestre.

Ao despertar, inicialmente estremunhando, carrancudo, foi aos poucos tomando ciência de sua realidade espiritual. Relutante por permanecer distante de Maria do Pilar, deparou-se certa manhã surpreso e emocionado com o mesmo espírito que vira em sonho, inúmeras vezes o auxiliando.

A conversa se estendera por algum tempo, serena, porém impactante para D. Hernandez. Dizia a respeito da sua realidade espiritual e da necessidade de seu despertar para a sua transformação moral. Uma nova oportunidade através da reencarnação não tardaria a chegar. Seu retorno à vida na Terra se daria sob o látego de limitações físicas, contundentes.

Assim cresce o ser humano, naturalmente, desenvolvendo suas virtudes portas adentro de sua intimidade espiritual. E D. Hernandez não é de modo algum, conquanto muito iludido a esse respeito, diferente de qualquer outra criatura de Deus no Universo.

O novo parente...

HOJE, NO GRANDE navio, Maria do Pilar despertou sorrindo. Entende que aquele é um dia perfeito para contar ao seu amado algo que descobriu tempos atrás, mas que deixou para tratar depois do casamento, quando estivessem exatamente como estão no momento, tranquilos e felizes.

O dia transcorria em harmonia, em meio a diferentes atividades a bordo, jogos com os outros passageiros, leituras e contemplações à natureza tão fascinante quanto profunda, diante das águas esverdeadas, com seus mistérios ainda insondáveis...

Em momento onde os dois se encontram sozinhos, Pilar diz a Dom que tem algo que gostaria de dividir com ele.

– Diga, Pilar, assim você me deixa ansioso!

– Querido, eis que não por acaso, pois fui atrás procurar, descobri um novo parente.

Sem entender aonde Pilar queria chegar, Dom retruca, ao mesmo tempo sério e divertido:

– Bem, segundo as minhas mais recentes lembranças, de antemão, abomino a ideia de me relacionar novamente com parentes seus.

– Acredito que não desta vez, meu querido.

– E posso saber por quê?

– Já faz algum tempo, comecei a ir atrás para levantar dados a respeito da pessoa que me recolheu na rua, no dia do meu atropelamento, e que me levou para o hospital. Para isso, tive um importante colaborador, na pessoa do nosso bom doutor Reginaldo.

– Ora, ora, você fez aquilo que eu gostaria de ter feito, minha Pilar. Parabéns!

– Obrigada. Junto à Senhorinha e a outros bons amigos do hospital, doutor Reginaldo obteve acesso aos arquivos da administração e conseguiu informações. A pessoa em questão, ou seja, aquele que interrompeu a sua viagem naquele momento e me socorreu é um tio distante. Vivendo muitos anos fora da Espanha, acabamos perdendo contato. E, morrendo os meus pais, a separação foi ainda maior.

– Ora, veja. Que surpresa!

– Já iniciamos a nossa vida em família contando com alguém a mais. Segundo sei, e pudemos comprovar naquela ocasião, ele é uma ótima pessoa.

– Que bom! É de parentes assim que estamos precisando. – Dom sorri descontraído, brincando com Pilar, fazendo referência às dificuldades enfrentadas com seu parente anterior: D. Hernandez. Mas em seguida silencia, e se dirige em pensamento a ele, desejando que esteja bem, onde estiver.

– Quando tomei conhecimento da sua identidade, me surpreendeu o seu sobrenome: Navarro, também. Se bem que existam tantos outros sem ser parentes, algo em mim dizia que não se tratava de alguém alheio à nossa família. E não apenas confirmei as minhas suspeitas, como descobri quem é ele, onde vive e o que faz.

– Estou ansioso, Pilar – Dom exclama, interessado.

– Este senhor, que naquele momento se dirigia a Sevilha, é o meu tio materno Alonzo Azulão Navarro, dono de muitas terras e grandes negócios de importação e exportação. Um nome me ficou gravado na mente desde a minha infância, quando minha mãe me disse que um dos seus irmãos pouco parava na Espanha, por conta de seus negócios.

– Alonzo Azulão – dizia minha mãe – sequer se dá conta das saudades que deixa em nossos corações.

Eis que este nome chega novamente aos meus ouvidos. Sou grata a ele, por ter me levado em tempo ao hospital! Devemos à bondade dele tudo de bom que veio depois. Pessoas assim são instrumentos do bem, que atendem ao impulso, quando urgentemente é preciso ser feito algo.

– Pensando bem, somos sempre instrumentos de ações, boas ou más, dependendo da nossa sintonia, não é, Pilar?

– Sim. Embora as saudades que tio Alonzo deixava em toda a família, ele era do bem. Tudo isso me fez recordar que eu dizia sempre que um dia gostaria de conhecer o Brasil.

– Brasil... Tão longe, mas tão próximo da nossa querida Espanha! Mas onde se encaixam os dois assuntos, Pilar?

– Tio Alonzo lá se radicou há algum tempo, por conta de seus interesses financeiros.

– Ora, veja, como a vida é surpreendente! – ele silencia, aparentemente triste...

Pilar toma-lhe as mãos, beija-as, amorosa e reverente, e quer saber:

– E, agora, o que foi? Que nostalgia vejo nestes olhos, que são a luz da minha vida?

– Perdoe-me, minha Pilar, mas também gostaria de descobrir as minhas raízes!

– Quem sabe ainda descobriremos? Os nossos sonhos se tornam realidade, quando vamos atrás deles. Nós dois, de mãos dadas, juntos, poderemos muito, concorda?

– Certamente, minha 'Castelita'.

Eles se abraçam, completamente entregues aos seus sentimentos e emoções, enquanto ouvem os clamores das ondas, que quebram ruidosamente sobre si mesmas, estimuladas pela forte ressaca...

FIM

Esta edição foi impressa nas gráficas da Assahi Gráfica e Editora, de São Bernardo do Campo, SP, sendo tiradas três mil cópias, todas em formato fechado 140x210mm e com mancha de 104x175mm. Os papéis utilizados foram o RB Offwhite (Rio Branco) 65g/m^2 para o miolo e o cartão Supremo Alta Alvura (Suzano) 300g/m^2 para a capa. O texto foi composto em Goudy Old Style 12/15 e o título em Small Town Skyline 56/56. Eliana Haddad e Izabel Vitusso realizaram a preparação do texto. André Stenico elaborou a programação visual da capa e o projeto gráfico do miolo.

Outubro de 2018